# C.H.BECK WISSEN
in der Beck'schen Reihe

Der Glaube an Hexen ist weltweit verbreitet – auch heute noch. In beinahe allen Kulturen gab oder gibt es Menschen, die glauben, daß bestimmte Personen mit Hilfe magischer Kräfte Nutzen oder Schaden stiften und mit Geistern und Dämonen in Kontakt treten können. Wolfgang Behringer, einer der führenden Experten zur Geschichte der Hexenverfolgung, schildert in diesem Band knapp und präzise die Traditionen des Hexenglaubens, die Zeit der großen Prozesse und Hinrichtungen in Europa sowie die spätere Rezeption und Vermarktung. Und auch die heutige Situation wird nicht ausgespart.

*Wolfgang Behringer*, geb. 1956 in München, lehrt als Professor für Neuere Geschichte an der University of York in England.

Wolfgang Behringer

# HEXEN

Glaube, Verfolgung, Vermarktung

Verlag C.H.Beck

Mit 4 Abbildungen und 3 Tabellen

1. Auflage. 1998
2., durchgesehene Auflage. 2000
3., durchgesehene Auflage. 2002

4. Auflage. 2005

Originalausgabe
© Verlag C. H. Beck oHG, München 1998
Gesamtherstellung: Druckerei C. H. Beck, Nördlingen
Umschlagentwurf: Uwe Göbel, München
Printed in Germany
ISBN 3 406 41882 1

*www.beck.de*

# Inhalt

I. Einleitung .................................. 7

II. Hexenglaube ............................... 12

III. Hexenverfolgung .......................... 32

IV. Kampf gegen die Hexenverfolgungen .......... 75

V. Verwertung und Vermarktung ................ 92

VI. Epilog .................................... 99

   Literatur ................................. 103
   Zeittafel ................................. 108
   Register .................................. 111

# I. Einleitung

Menschen in vielen Kulturen glauben, daß bestimmte Personen ohne natürliche Hilfsmittel schädliche Wirkungen hervorrufen können. Über den Wahrheitsgehalt solcher Zuschreibungen können innerhalb derselben Gesellschaft Differenzen bestehen, oft wird der Hexenglaube von einer dominierenden weltanschaulichen Strömung, einer Hochreligion oder dem Rationalismus der westlichen Zivilisation bekämpft. Da der Hexereivorstellung ein Inversionsmotiv zugrundeliegt, die Verkehrung zentraler gesellschaftlicher Normen, tritt sie mit einer gewissen Notwendigkeit mit ähnlichen Inhalten auf. Deviantes Sozial- und Sexualverhalten gehören zu diesem Bild, bestimmte Merkmale im Erscheinungsbild, eine Affinität zur Nacht, der Kontakt mit Geistern und Dämonen, auch esoterische Zusammenkünfte mit schrecklichen Untaten wie Kannibalismus oder rituellem Kindermord. Darüber hinaus werden den Hexen märchenhafte Fähigkeiten zugeschrieben, deren archaischer Gehalt nicht allein funktional erklärt werden kann. Dazu gehören der Flug durch die Luft, Tierverwandlung, Zukunftsvorhersage und die Beeinflussung des Laufs der Natur. Wiederholt ist auf die schmale Trennlinie zwischen Hexerei und Heiligkeit hingewiesen worden.

Die Hexen werden in diesem Buch als Teil eines größeren Themas betrachtet, welches eine Reihe akademischer Disziplinen beschäftigt hat, wobei Ethnologie und Geschichtsforschung den größten Beitrag geleistet haben. Die Spannweite der Fächer ist jedoch breiter. Die etwa dreihundert Dissertationen, die im deutschen Sprachraum in diesem Jahrhundert zur Hexerei und verwandten Gebieten geschrieben worden sind, verteilen sich auf die Disziplinen Geschichte, Recht, Theologie, Psychologie, Soziologie, Ethnologie, Medizin, Sprachwissenschaften, Volkskunde und Fächer, die sich mit den alten Zivilisationen beschäftigen. Veränderte Fragestellungen und interdisziplinäre Zusammenarbeit haben die historischen Hexenverfolgungen in ein neues Licht gerückt. Früher betonte Bedingungen wie die christliche Dämonenlehre, der römische Inquisitionsprozeß, die legale Tortur im Strafverfahren, frauenfeindliche Phantasien von Klerikern oder fiskalische Absichten des Staates haben an Erklärungswert verloren. Die Entdeckung, daß Hexenverfolgungen primär von der Bevölkerung gewünscht und notfalls gegen den Willen der Obrigkeit durchgeführt worden sind, entschuldigt nicht die Anteile der Kirche, der Justiz und des Staates an den Verfolgungen, hat sie aber relativiert. Stattdessen hat die Analyse sozialer und psychischer Strukturen an Bedeutung gewonnen. Europäischer und außereuropäischer Hexenglaube erweisen sich als stärker vergleichbar als früher angenommen. Folter und Tötung von Hexen gab es auch außerhalb des christlichen Kulturkreises. Hexerei und Hexenverfolgung sind Themen, welche die ganze Menschheit betreffen.

Dieses Buch folgt nicht dem engen Hexenbegriff, der bis vor kurzem von Historikern oder Ethnologen gebraucht worden ist. Die christliche Definition durch den Teufelspakt ist ebenso partikular wie die von Edgar Evan Evans-Pritchard (1902–1973) propagierte Betonung der körperbezogenen Erblichkeit. Derartige Hexereibegriffe, die periphere oder regionale Phänomene als Kriterien der Definition betonen, versagen an den konkreten Einzelfällen und verhindern die Vergleichbarkeit. Weder in heutigen Gesellschaften noch im historischen Europa hat es jemals eine einheitliche Hexereivorstellung gegeben. Die regionalen Begriffe waren in Europa so verschieden wie im heutigen Afrika, und auch die Inhalte der Begriffe waren nicht völlig identisch. Nur ein erweiterter Blickwinkel ermöglicht die Erfassung der Spezifik der europäischen Auseinandersetzung mit dem Hexenglauben. Dies erscheint wichtig, weil in Europa jene Ablehnung des Hexenglaubens wurzelt, die während der Epoche des Kolonialismus in andere Kulturen exportiert wurde. Der dadurch hervorgerufene Kulturkonflikt erinnert in vielfacher Hinsicht an die historischen innereuropäischen Konflikte, die insofern prototypischen Charakter besitzen.

Die europäische Kultur hat Definitionen von Hexerei hervorgebracht, die sich gravierend von traditionellen Vorstellungen unterscheiden. Grundlegend war die Perspektive der christlichen Dämonenlehre. Nach Augustinus (354–430) beruhte jede Form der Superstition oder der Magie – schwarze wie weiße – auf einem ausdrücklichen oder stillschweigenden Pakt mit dem Teufel. Für mittelalterliche Theologen wie Burchard von Worms (965–1025) waren Hexen Personen, die sich selbst, durch teuflische Illusionen verblendet, Kräfte zuschrieben, die sie in Wirklichkeit nicht besaßen. Spätmittelalterliche Theologen wie der Verfasser des *Malleus maleficarum* (Hexenhammer) Heinrich Kramer/Institoris (1430–1505) sahen in den Hexen Mitglieder einer großen, gegen die christliche Gesellschaft gerichteten Verschwörung, die durch Gottes Zulassung immensen Schaden anrichten konnten und vernichtet werden mußten. Frühneuzeitliche Verfolgungsgegner wie Johann Weyer (1515–1588) konnten dagegen in den angeblichen Hexen nur melancholische Frauen erkennen, denen man mit Nachsicht und Liebe begegnen sollte, um sie von ihren Wahnvorstellungen zu heilen. Für Vertreter des europäischen Rationalismus und der Aufklärung war Hexerei inexistent, die Tötung angeblicher Hexen schreiendes Unrecht, Justizmord, wie August Ludwig Schlözer (1735–1809) anklagte. Im Zeitalter der Romantik erklärte Jacob Grimm (1785–1863) die Hexen zu „weisen Frauen", welche die Geheimnisse einer alten Volkskultur bewahrt hätten und deswegen von der christlichen Kirche verfolgt worden seien. Der französische Revolutionshistoriker Jules Michelet (1798–1874) betrachtete sie als „Ärztinnen des Volkes", Opfer der feudalen Unterdrückung und Vorläufer der sozialen Revolution.

Der Abstraktionsschub, den die Interpretation der Hexerei mit dem Aufstieg der Gesellschaftswissenschaften erlebt hat, kann am besten anhand dreier Theoretiker verdeutlicht werden, die den Rahmen zur Interpretation der Hexenthematik schufen. Soziologen im Gefolge Émile Durkheims (1858–1917) betrachten die Hexereivorstellung als Mittel zur Selbstvergewisserung der Gesellschaft, die sich anhand von Devianz über ihre Normen verständigt. Die Psychologie sieht seit Sigmund Freud (1856–1939) als Grundlage der Hexereivorstellungen ins Unterbewußtsein verdrängte Triebregungen und in den Hexen Objekte einer Projektion zur Ableitung eigener Ängste und Aggressionen. Die Ethnologie interpretiert seit Bronislaw Malinowski (1884–1942) Hexenfurcht und Antihexereibewegungen als Krisensymptome einer Gesellschaft. Magie war für ihn wie für Freud ein Mittel zur Wunscherfüllung, die als Folge defizitärer Technik in primitiven Gesellschaften notwendig hervortritt.

Hexenglaube und Hexenverfolgung stellen nicht nur ein Phänomen der Vergangenheit dar. In den urbanen Zentren der westlichen Zivilisation bezeichnen sich Dissidenten aus dem esoterischen oder feministischen Milieu als „neue Hexen". Die Hexenpanik in der Nordprovinz der Republik Südafrika, wo im Jahr 1996 etwa dreihundert Menschen wegen Hexerei von lokalen Tribunalen verurteilt und hingerichtet wurden, ist nur das jüngste Beispiel für das Aufbrechen der traditionellen Hexenfurcht. Die vom African National Congress Nelson Mandelas gestellte Provinzregierung in Pietersburg zeigte sich entsetzt und richtete Asyldörfer zum Schutz der Verfolgten ein. Moderne Antihexereibewegungen in Afrika und anderen Teilen der heutigen Welt verdeutlichen wie die historischen Pogrombewegungen in Europa, worum es bei dem traditionellen Hexereibegriff geht: um die Auseinandersetzung mit „dem Bösen". Grundlage dafür ist die nie zu lösende und immer aktuelle Frage nach den Ursachen der Leiden und Übel in der Welt, von Unglück, Krankheit und Tod. Dieses Thema mit Bezügen zum Theodizeeproblem ist ebenso zeitlos und kulturübergreifend wie die Auseinandersetzung der Menschheit mit ihren physikalischen Grenzen, den Gesetzen der Natur und der Möglichkeit ihrer Überschreitung.

Der vorliegende Versuch eines Überblickes betrachtet das Thema Hexen als anthropologisches Phänomen mit historischer Dimension. Vier Kapitel behandeln Hexenglauben, Hexenverfolgung, den Kampf dagegen, sowie die Verwertung und Vermarktung des Themas. Gemäß dem Charakter der Reihe wird auf Fußnoten verzichtet. Wichtige Quellentexte zu den historischen Hexenverfolgungen sind in den Sammlungen von Joseph Hansen, Alan Kors und Edward Peters sowie vom Autor dieses Buches zu finden. Die kursiv gesetzten Buchtitel kehren nicht unbedingt im Literaturverzeichnis wieder. Dieses enthält ein Verzeichnis der unverzichtbaren und aktuell wichtigsten Buchtitel. Biographische Daten finden sich jeweils bei den Erstnennungen der Akteure im Text. Zeittafel und Register sollen die Übersichtlichkeit erhöhen.

Abb. 1: Teufelsanbetung und Hexenflug,
aus: Johannes Tinctoris, *Contra sectam Vaudensium,* ca. 1460

## II. Hexenglaube

Die sozialistische Regierung des westafrikanischen Landes Benin (bis 1975 Dahomey) ließ nach ihrer Machtübernahme eine Briefmarke mit dem Thema *La lutte contre la sorcellerie (Forces du Mal)* drucken. Die Antihexereikampagne wollte sie als eine Form des Klassenkampfes verstanden wissen, da Reichtum im traditionellen Afrika gemäß der Vorstellung der Begrenztheit der Güter oft auf Zauberei zurückgeführt wird. Die Bevölkerung fing jedoch an, alte Frauen zu jagen, die für eine Tetanusepidemie mit hoher Kindersterblichkeit verantwortlich gemacht wurden. Anstatt eine Impfaktion zu beginnen, ließ die Regierung Geständnisse der Hexen im Radio verbreiten. Die Frauen gaben an, sich in Waldkäuze verwandelt und kleine Kinder verhext zu haben, um deren Seelen in Tiere verwandeln zu können, die sie dann auffraßen. Diese Zusammenfassung eines rezenten Ereignisses aus einem „Entwicklungsland" mit hoher Kindersterblichkeit, dessen Einwohner mehrheitlich traditionellen „Naturreligionen" anhängen (18% Katholiken, 15% Muslime), läßt eine Fülle von Motiven anklingen, die im antiken Strigenglauben, im alteuropäischen Hexenglauben und in der Vorstellungswelt Afrikas, Südostasiens und Amerikas gleichermaßen zu finden sind.

Solche kulturübergreifenden Ähnlichkeiten bedürfen einer Erklärung. Die bekannte Alternative Kulturdiffusion oder Strukturgenese kann dabei aus methodischen Gründen nicht entschieden werden. Gemeinsame Ursprünge würden am einfachsten die Gemeinsamkeiten in den Vorstellungen erklären, sie müßten allerdings weiter zurückreichen als die Besiedelung Amerikas, also viele Jahrtausende. Aussagen über das Alter magischer Vorstellungen, von Tierverwandlung, magischem Flug etc. können ebenfalls kaum getroffen werden. Prähistoriker legen jedoch bei einer Reihe von Artefakten, Felsbildern oder Höhlenmalereien magisch-religiöse Bezüge nahe. Sicherheit bekommen wir mit dem Einsetzen schriftlicher Überlieferung. Hier kann man sehen, daß Beschwörungen und Texte zur Hexenabwehr zu den ältesten überlieferten Texten der Menschheit gehören. Der Nachweis einer gemeinsamen Abstammung aller Hexereivorstellungen ist freilich methodisch unmöglich. Im Zeitalter der Mythenbastelei stieß eine solche Vorstellung auf dezidierte Ablehnung. Malinowski hat darauf verwiesen, daß magische Vorstellungen und Praktiken fast überall die gleiche Funktion erfüllten und impliziert, daß der Hexenglaube von der Arktis bis Australien in ähnlicher Weise immer wieder neu entstanden sei. Das würde freilich letztlich bedeuten, daß er nicht nur durch äußere Bedingungen hervorgerufen wird, sondern auch in der menschlichen Psyche angelegt ist. Psychologen haben *magische Verhaltensweisen im Kindesalter* festgestellt, die auf Versuchen einer Selbstdeutung der Umwelt ohne ausreichendes Wissen beruhen. Sicher besteht hier ein Zusammenhang zur Beliebtheit von Zaubermotiven in Märchen. Nach der Psychoanalyse Freuds sind Omnipotenzphantasien ohnehin im menschlichen Unbewußten angelegt.

Freilich sind Hexereivorstellungen weder gleichförmig noch gleichmäßig verteilt. Untersuchungen über *Hexerei und Antihexerei in Afrika* haben gezeigt, daß Hexereivorstellungen in manchen afrikanischen Gesellschaften keine Rolle spielen, weil Unglück Göttern oder Ahnengeistern zugeschrieben wird, während in anderen unter vergleichbaren Bedingungen sozialer Organisation und Ökonomie die überwiegende Mehrheit der Bevölkerung an Hexerei glaubt. Die frühen Feldstudien wie die Evans-Pritchards haben Beispiele von Gesellschaften in Afrika vorgeführt, bei denen der Glaube an Hexerei das soziale Leben in hohem Maße strukturierte. Der Anthropologe Max Marwick versuchte in den 50er Jahren, solche allgemeinen Aussagen auf eine statistische Basis zu stellen und sammelte bei den Cewa in Ostafrika 200 Fälle von „Unglück", dessen Umstände und Interpretation er verglich. Dabei stellte er fest, daß Unglück bei allgemeiner Fragestellung zu 100% auf Hexerei zurückgeführt wurde, bei den konkreten Fällen immer noch zu 54%. Nur ein Viertel der Befragten führte das

Unglück auf natürliche Ursachen oder Gott zurück, der Rest verteilt sich auf Ahnengeister und Personen, die nicht als Hexen betrachtet wurden. Bei 74% der Fälle von Hexerei (79 von 107) wurde die Hexe oder der Zauberer namentlich identifiziert (54 Männer, 35 Frauen). In 78% der Fälle waren vermuteter Täter und Opfer matrilinear verwandt, in 21% angeheiratet oder entfernt verwandt. Nur in 1% der Fälle waren sie überhaupt nicht miteinander verwandt. Soziale Nähe war nicht nur bei den Cewa konstitutiv für Verhexungsangst, Kategorien wie Verwandtschaft oder Nachbarschaft spielen in allen Gesellschaften eine herausragende Rolle.

Intensiver Hexenglaube ist keineswegs beschränkt auf rurale Gebiete oder die niederen Bildungsschichten. 1968 hielten an der Universität von Ghana 41% der Studenten die Existenz von Hexerei für wahrscheinlich, weitere 35% waren sich ganz sicher. Ähnliche Zahlen sind von höheren Schulen in Sambia bekannt, wo die Behauptung „Zauberer machen Leute krank" nur von 9% der Befragten verneint, von 83% dagegen bejaht wurde, davon 62% mit „strongly agree". Intensiver Hexenglaube bedeutet nicht ständige Angst, sondern ein Bewußtsein latenter Gefahr, vergleichbar Verkehrsunfällen in Großstädten. Isaac Schapera wies nach, daß in Botsuana Hexerei vor Ankunft der Europäer der Gerichtsbarkeit der Häuptlinge unterstand und Folter und Tötung Instrumente der vorkolonialen Justiz waren. Zwei Sammelbände von Max Marwick und Mary Douglas über *Witchcraft* demonstrierten 1970 den hohen Forschungsstand zum komplexen Phänomen der afrikanischen Hexerei und setzten für die internationale Forschung Standards. Auf die Zunahme der Antihexereibewegungen seit der Entkolonialisierung geht exemplarisch der Sammelband *Witchcraft in contemporary Tanzania* ein, der Aufschlüsse über Hexenverfolgungen der Moderne gibt.

Für Asien und Australien/Ozeanien gehörte Hexerei nicht wie für die afrikanische Ethnologie zu den erstrangigen Gegenständen, obwohl Malinowski bereits 1922 in seiner klassischen Feldstudie *Argonauts of the Western Pacific* wie in den folgenden Studien auf das Phänomen der bösen Zauberer (bwagau) und der „fliegenden Hexen" (mulukwausi) hingewiesen hatte. Sein Befund, daß alle wichtigen Lebensstationen von Magie begleitet sind und schwere Unglücksfälle und der Tod fast immer auf Hexerei zurückgeführt werden, wurde von anderen Ethnologen wie Reo F. Fortune bestätigt. Philipp Kuhns Untersuchung *Soulstealers. The Chinese Sorcery Scare of 1768* präsentiert das Beispiel einer historischen Hexenpanik in einer asiatischen Hochkultur. Ethnien in Ländern mit so unterschiedlichem kulturellen Hintergrund wie das christlich-animistische Papua-Neuguinea, die islamischen Länder Indonesien und Malaysia oder das buddhistische Thailand kennen gleichermaßen Hexereivorstellungen. Der Sammelband *Understanding Witchcraft and Sorcery in Southeast Asia* verdeutlicht, daß man sich in manchen Ethnien über den Hexenglauben eher lustig macht, während andere ihm einen hohen Stellenwert beimessen. Das Ausmaß moderner Antihexereibewegungen in Asien wird für das hinduistische Indien in Sohaila Kapurs *Witchcraft in Western India* deutlich.

Im modernen Amerika mischen sich Hexereivorstellungen der Einwanderer aus Europa, Afrika und Asien mit denen der Native Americans (Indianer). In der Karibik und in Brasilien besteht trotz christlicher Missionsbemühungen ein starker afrikanischer Einfluß, der in dem Aufstieg der aus Westafrika stammenden Voodoo-Religionen mit ihren ausgeprägten Verhexungsängsten zum Ausdruck kommt. Für die Erforschung des altamerikanischen Hexenglaubens waren die Arbeiten der Kulturanthropologen um Franz Boas (1858–1942) und ihrer frühen Rezeption der russischen Schamanismusforschung wegweisend. Clyde Kluckhohn hat in seiner klassischen Feldstudie *Navaho Witchcraft* auf rezente Hexenprozesse in den Reservaten hingewiesen, die zu Tötungen führten. Sonderfälle stellen die alten Hochkulturen Mexiko und Perú dar, über deren Hexereivorstellungen bereits aus dem 16. Jahrhundert Berichte vorliegen. In Mexiko haben Nagualismus (Tierseelenglaube) und Hexenglaube Missionierung, Entkolonialisierung und Revolution überlebt. Die katholische Kirche verzichtet noch heute auf die Evangelistensymbole (Adler, Stier, Löwe), um deren Verehrung zu verhindern. Aus dem 19. Jahrhundert werden Hexenverbrennungen berichtet, die lokale Gerichte gegen den Willen der Regierung durchführten. Morde an vermeintlichen Hexen dauern bis in die Gegenwart an. Nach den drei großen ethnologischen Handbuchserien zu den Indianern Nord-, Mittel- und Südamerikas wurde die Hexereiproblematik in dem Sammelband *Witchcraft and Sorcery of the American Native Peoples* von den arktischen Inuit bis zu den Mapuche-Indianern in Chile vergleichend behandelt. Hexereivorstellungen erscheinen bei den seßhaften Pueblo-Indianern besonders ausgeprägt, mit einer an das historische Europa erinnernden Akzentuierung der Ernteschädigung. Sie ist aber auch bei ehemals nomadischen Indianern wie den Apache vorhanden. In ihrem Fall können Hexenprozesse vor der Seßhaftmachung in Reservaten nachgewiesen werden.

Auch in Europa gab es nach der Streichung des Hexereidelikts aus dem Strafrecht illegale Aktionen, bei denen vermeintliche Hexen bedrängt und getötet, oft in ihren Häusern eingeschlossen und mit diesen verbrannt worden sind. Der Hexenglaube ist auch heute noch in beträchtlichem Maße verbreitet. Meinungsumfragen haben gezeigt, daß der Anteil der hexengläubigen Bevölkerung – je nach Art der Fragestellung – durchschnittlich zwischen zehn und dreißig Prozent der Gesamtbevölkerung liegt. Bei einer 1973 durchgeführten Umfrage des Institutes für Demoskopie in Allensbach lag der Anteil der Hexengläubigen bei 11% (2% sicher, 9% vielleicht) der westdeutschen Bevölkerung (8% der Männer, 13% der Frauen). Anders sah das Ergebnis aus, wenn das Reizwort „Hexen" vermieden wurde. Das „Anwünschen" von Krankheiten hielten 23% der Bevölkerung für möglich (Männer 15%, Frauen 28%). In einer 1986 durchgeführten Befragung des Forsa-Instituts hielten 13% der Westdeutschen Hexerei, 21% Krankheitszauber für „möglich". Umfragen der demoskopischen Institute in Allensbach 1989 und des Wickert-Instituts 1991 ergaben Werte von 16% bzw. 14%. Insgesamt hat der Hexenglaube in Deutschland den repräsentativen Umfragen (jeweils ca. 2000 Befragte) zufolge innerhalb einer Generation leicht zugenommen, wenngleich 85–90% der Befragten den Hexenglauben jeweils entschieden ablehnten.

Die Hexengläubigen bilden mit 10–15% der Bevölkerung in einer der entwickeltsten westlichen Gesellschaften eine stabile Minderheit. Ihr Sozialprofil entspricht im Hinblick auf Alter, Geschlecht, Stadt-/Landverteilung, Parteipräferenz, Religiosität, Bildung und soziale Schicht den Erwartungen. Ihr Idealtypus ist eher weiblich und alt, lebt auf dem Land, besitzt geringe Bildung und gesellschaftliche Position. Eine starke Korrelation besteht zwischen Hexenglaube und Frömmigkeit, insbesondere bei einem ausgeprägten Glauben an einen personalisierten Teufel. Eine Erhebung des Gallup-Institutes von 1988 zeigt für den Teufelsglauben in den USA mit 66% und in Irland mit 57% hohe Spitzenwerte. In Deutschland ist der Glaube an die Existenz eines personalen Teufels mit 24% am stärksten unter den regelmäßigen Kirchgängern ausgeprägt, wobei – für manche vielleicht überraschend – kein Unterschied zwischen Katholiken und Protestanten besteht, obwohl dies bei den Funktionären durchaus der Fall ist. Papst Johannes Paul II. hat das Festhalten der katholischen Kirche an der Vorstellung von einem personalen Teufel wiederholt bekräftigt. Nach einer Umfrage von 1976 teilten 79% der katholischen und 40% der evangelischen Priester in Deutschland die Auffassung, daß der Teufel als Person existiere. Bei nichtaktiven Kirchenmitgliedern ist der Teufelsglaube mit 3% jeweils erstaunlich gering. Im Durchschnitt glaubten 12% der Bevölkerung daran (Männer 9%, Frauen 14%), also etwa soviele, wie an die Existenz von Hexen glauben.

Die Untersuchungen von Ernesto de Martino (1908–1965) für Süditalien, Jeanne Favret-Saada für das Hainaut oder Inge Schöck für Südwestdeutschland haben gezeigt, daß der *Hexenglaube in der Gegenwart* nach Zuschreibungsmustern und sozialen Mechanismen funktioniert, die Anthropologen und Historikern bekannt sind. Struktur und Persistenz des Hexenglaubens wird als Folge seiner Verankerung im sozialen Leben betrachtet, seiner Funktion bei der Bewältigung von angsterregenden Situationen und interpersonalen Konflikten.

Er dient der Strukturierung der Wahrnehmung und vereinfachten Kategorisierung der Umwelt und stellt damit ein ordnendes und entlastendes Moment dar. Unerwartetes Unglück, das Auftreten plötzlicher und unheilbarer Krankheiten können auf die Einwirkung „böser Leute" zurückgeführt werden, auf magische Kräfte, Zauberei oder Hexerei (Kontingenzreduktion). Mit dieser Diagnose verknüpft ist die spannungslösende Möglichkeit der aktiven Bekämpfung. Hexereiverdächtige Personen haben in ihrem Dorf oft eine lange Verdachtskarriere hinter sich, bei der Nachbarn über Jahrzehnte hinweg Beobachtungen gesammelt haben. Manchmal galten ganze Familien als verdächtig. Willem de Blécourt hat anhand von niederländischen Beispielen gezeigt, welch eine zentrale Rolle Hexenfinder in der europäischen Volkskultur bei der Bestätigung konkreter Verdächtigungen spielen.

Im Hintergrund dieser Funde steht die klassische Untersuchung Evans-Pritchards *Witchcraft, Oracles and Magic among the Azande*, welche bei einer ländlichen Bevölkerung im kolonialen Ostafrika durchgeführt wurde und die Normalität des Umgangs mit Magie in einer bäuerlichen Gesellschaft demonstriert. Bei den Azande werden bestimmte Formen von Unglück auf das Einwirken von Hexerei (mangu) zurückgeführt, etwa wenn ein Mann über eine Wurzel stolpert und sich das Bein bricht. Der Einwand, dies sei eine natürliche Ursache, wird mit dem Hinweis auf die spezielle Situation entkräftet. Die Wurzel sei zwar immer dort, aber noch nie habe dies zum Beinbruch geführt. Der Unglücksfall führt zum Überdenken der sozialen Beziehungen, notfalls unter Hinzuziehung eines Spezialisten (witch doctor), der durch Orakeltechnik den Verursacher des Unfalls enthüllen soll. Der Konflikt kommt zum Abschluß, indem der Verunglückte die gestörte soziale Beziehung repariert und den Anlaß für weiteren Schadenzauber beseitigt. Hexerei wird dabei auf das Vorhandensein eines Organs zurückgeführt, dessen Besitz erblich ist. Die Hexe kann nicht persönlich verantwortlich gemacht werden, weil die Hexerei auch ohne ihr Zutun geschehen kann. So eigenartig diese Analyse klingen mag, so hilfreich war die Offenlegung derartiger strukturfunktionalistischer Mechanismen für das Verständnis des Hexenglaubens in anderen Kulturen, von Südostasien über Amerika bis Europa. Keith Thomas hat mit seiner Studie *Religion and the Decline of Magic* gezeigt, in wie hohem Maße noch das frühneuzeitliche England durchdrungen war von Spezialisten für magische Dienstleistungen und die Frage aufgeworfen, ob nicht der Wegfall der kirchlichen Abwehrmagie aufgrund der Einführung der Reformation zu einem Anstieg der Hexenfurcht in der Bevölkerung geführt haben könnte.

Zahlreiche Regionalstudien haben seither für die alteuropäische Gesellschaft die Bedeutung von Orakeltechniken und Hexenfindern gezeigt und nach dem Vorbild Evans-Pritchards oder Thomas' die sozialen Mechanismen hinter Hexereibeschuldigungen, die meist aus Spannungen in der Nachbarschaft erwuchsen, gesucht. Die sozialhistorische Theoriebildung gelangte um 1970 zu einer Zuspitzung in der These Alan Macfarlanes, die Erhöhung der sozialen Spannungen während des Übergangs vom Feudalismus zum Kapitalismus habe zu einem sprunghaften Anstieg der Hexenprozesse geführt, mit denen sich reichere gegen ärmere Gemeindemitglieder zur Wehr setzen wollten, die aufgrund verweigerter Nachbarschaftsunterstützung Drohungen ausgestoßen hatten. Die Vermutung, Hexenverfolgungen hätten zur Durchsetzung des Kapitalismus gedient, erwies sich jedoch als zeitgebunden. Rainer Walz hat in seiner Untersuchung zum Hexenglauben im Dorf nachgewiesen, daß sich Hexereiattributionen keineswegs bestimmten Konflikttypen unterordnen lassen, sondern sich „an alle für das Dorf der Frühen Neuzeit charakteristischen neuralgischen Punkte ankristallisieren" konnten. Aufgrund dieser Multifunktionalität stand Hexerei in Beziehung zu allen nur möglichen Krisenerscheinungen. Negative Gefühle wie Neid und Haß oder die Angst davor spielen eine tragende Rolle bei Hexereibeschuldigungen. Die Beziehung zwischen Hexen und ihren Opfern hat Philip Mayer auf die verblüffend einfache Formel gebracht: „Hexen und ihre Ankläger sind Menschen, die sich mögen sollen, dies aber in Wahrheit nicht tun".

Jenseits soziologischer Erklärungen wurde bei der Erklärung von Hexereivorstellungen der Bogen zu jenem religiösen Spezialistentum gespannt, das in außereuropäischen Gesellschaften nach einem tungusischen Wort als Schamanismus bezeichnet wird. Mit der Expansion des Russischen Reiches in jene Gebiete, die heute noch den Schamanismus als Mehrheitsreligion angeben (Burjatien, Jakutien, Udmurtien), war seine Erforschung zu einer Domäne der russischen Ethnologie geworden. Ihre Forscherleistung kulminierte in Werken wie Sergej Michailowitsch Shirokogoroffs (1887–1939) *Psychomental Complex of the Tungus*, worin die Funktion schamanistischer Ekstatiker mit ihren Jenseitskontakten, magischen Flügen, Wahrsagetechniken und Heilkünsten im Kontext eines intakten religiösen Hintergrundes dargestellt wird. Amerikanische Kulturanthropologen um Franz Boas dehnten den Schamanismusbegriff auf die zirkumpolaren Kulturen und die amerikanischen Ureinwohner aus, ebenso fand er in Teilen Chinas, Japans und in Korea Anwendung. In seiner kulturvergleichenden Untersuchung *Le chamanisme et les techniques archaiques de l'extase* zog Mircea Eliade (1907–1986) den Schluß, daß es sich um eine universale Erscheinung handele.

Wie schon die Missionare des 16. Jahrhunderts stießen die Wissenschaftler des 20. Jahrhunderts auf Ähnlichkeiten zwischen religiösen Vorstellungen von Indianern oder Eskimos mit den Geständnissen europäischer Hexen, insbesondere anhand der für beide Komplexe zentralen Vorstellung des magischen Fluges. Vor diesem Hintergrund konnte die Rolle einiger Hexenfinder in der europäischen Geschichte besser gewürdigt werden, die aus der Schar der Wahrsager (cunning men) durch besondere Jenseitsbezüge herausragen. Noch Carlo Ginzburg hatte Anlaß zu dem Mißverständnis gegeben, er wolle die tatsächliche Existenz einer Hexensekte behaupten. Tatsächlich verstanden sich die im 17. Jahrhundert im Friaul als *Benandanti* („Wohlfahrende") bezeichneten Personen als Gegner der Hexen, da sie in ihren nächtlichen Ekstasen die Hexen erkennen konnten, was sie in ihren Gemeinden zu Heilern und Hexenfindern qualifizierte. Schamanistisch begabte Individuen wurden fortan in vielen Ecken Europas in historischen Dokumenten entdeckt, Gábor Klaniczay hat vergleichbare Vorstellungen quer über den Balkan rekonstruiert, die den Benandanti ähnlichen „Krsniki" wurden von der Ethnologin Maja Boskovic-Stulli noch in den 60er Jahren auf den dalmatinischen Inseln gefunden und interviewt. Damit eröffnete sich ein neuer Zugang zur alteuropäischen Märchenwelt, in der sich archaische mit literarischen Vorstellungen mischen. Dort war die Rede von Drachen und Feen, von der Fahrt in den Venusberg und dem Spiel der guten Gesellschaft (ludus bonae societatis), von eigenartigen Göttinnen und dem Kontakt mit Toten, der Erlangung von prophetischen Gaben und Heilkräften, wie sie auch in außereuropäischen Kulturen weit verbreitet sind.

In Europa wurden magische Flugvorstellungen von der christlichen Kirche bekämpft. In diese Richtung deuten bereits die Bestimmungen in frühmittelalterlichen „Volksrechten" gegen den heidnischen Strigenglauben, etwa die Bestimmungen im lombardischen Recht König Rotharis (ca. 606–652), in den alemannischen und fränkischen Rechten oder in einem Sachsenkapitular Karls des Großen (747–814). Seine Bedeutung beleuchten die zahlreichen Varianten des Regino von Prüm (ca. 840–915) zugeschriebenen *Canon Episcopi*, einer Mahnung an die Bischöfe, gegen die Zauberer in ihren Diözesen vorzugehen. Nach einem einleitenden Absatz über die Bekämpfung der Zauberer, Männer wie Frauen, folgt eine lange Passage über bestimmte Frauen, welche glauben, nachts mit der heidnischen Göttin Diana auszufahren und weite Strecken in der Luft zurückzulegen. Die große Menge der Leute, die an die Realität dieser phantastischen Erzählungen glaube, entferne sich vom rechten Glauben wegen der Annahme, daß es eine andere Macht neben Gott gebe. Die Bischöfe sollten solche Vorstellungen durch ihre Priester in allen Kirchen bekämpfen und zurechtrücken, daß solche Flüge nur im Traum durch teuflische Illusionen geschähen. Diese Traumtheorie gelangte über die Kirchenrechtssammlung des Bischofs Burchard von

Worms (965–1025) und das *Decretum* Gratians von Bologna (?–ca. 1160) in das *Corpus Juris Canonici*.

Bedeutsam sind diese Texte wegen ihrer großen Bedeutung für das Verständnis des Hexenglaubens. In Überlieferungsvarianten werden volkssprachliche Glossen der Geisterschar gegeben, „welche das dumme Volk hier *striga holda* nennt". Den wohlwollenden Nachfahrenden in den ältesten Handschriften (Corrector Burchardi, Cap. V, Paragraph 70 und 90) wurde eine diabolisierte *striga unholda* zur Seite gestellt (Paragraph 170–171). Welche Glaubensvorstellungen sich im Hochmittelalter hinter der Bezeichnung „Striga" verbarg, ist unbekannt, doch die Beziehung zum Hexenglauben ist evident. Daß man sie bereits im 11. Jahrhundert nicht mehr für Dämonen, sondern für Menschen hielt, beweist ein Dekret König Colomans von Ungarn (ca. 1074–1116, reg. 1095–1116) gegen den Strigenglauben („De strigis vero que non sunt, ne ulla questio fiat"). Eine der ältesten, erhaltenen Gerichtsrechnungen aus Tirol weist für das Jahr 1296 eine Ausgabe für die Verbrennung zweier Strigen (pro exustione duarum strigarum) im Bozener Unterland auf. Die im frühen 14. Jahrhundert von der Inquisition entdeckten Hexen wurden als „stregule" bezeichnet, in der rätischen Schweiz, werden die Hexen noch heute als „Striegen" bezeichnet, der italienische Begriff *strega* spricht für sich.

Der quellenkritische Hinweis auf den langfristigen Überlieferungszusammenhang der christlichen Superstitionskritik, wie sie in Dieter Harmenings Habilitationsschrift *Superstitio* zum Ausdruck kommt, ist ernst zu nehmen. Spätantike Aberglaubenskataloge wie der des Bischofs Caesarius von Arles (ca. 470–503) waren verbreitet und dienten als Musterbücher für spätere Autoren. Es ist aber ungeklärt und vielleicht unklärbar, inwieweit es als Reflex des Canon Episcopi gesehen werden kann, wenn der südfranzösische Inquisitor Bernardo Gui (1261–1331) in seinem einflußreichen Handbuch für Inquisitoren unter dem Kapitel *De sortilegiis et invocatoribus daemonum* Anweisung gibt, Frauen zu fragen, ob sie glaubten, in gewissen Nächten mit den Feen auszufahren. Jenseits der normativen Ebene erhalten wir mit den Verhörprotokollen aus Ketzerprozessen so viele Hinweise auf reale populäre Glaubensvorstellungen, daß sich der alleinige Verweis auf einen topischen Charakter verbietet. Luisa Muraro hat in ihrer Studie *La Signora del gioco* zwei Mailänder Prozesse von 1384 und 1390 neu präsentiert, in denen Frauen gegenüber dem Inquisitor an der Realität ihrer Ekstasen festhielten. Nikolaus Cusanus (1401–1464) berichtete 1457 in einer Predigt über eigene Erfahrungen mit solchen Frauen aus den Alpentälern, welche einer Göttin Richella gefolgt sein wollten, einer Mutter des Reichtums und Glücks, die im Deutschen Hulda genannt werde. Solche Motive eröffnen den Weg in die *Traumzeit* Alteuropas, um den von Hans-Peter Duerr verwendeten Begriff der australischen Aborigines aufzugreifen. Zahlreiche der in Anti Aarnes (1867–1925) und Stith Thompsons (1885–1976) *Motif-Index of Folk Literature* klassifizierten Motive werden in Verhörprotokollen von Hexenprozessen als Erlebnisse berichtet. Der russische Märchenforscher Vladimir Propp (1895–1970) folgerte zurecht, *Die archaischen Wurzeln des Zaubermärchens* hingen mit jener Bewußtseinsschicht zusammen, in der lineare Zeitvorstellungen und euklidischer Raum gegenstandslos werden.

Eine spezifisch europäische Zutat zum Hexenglauben war die Interpretation nach den Vorgaben der spätantiken christlichen Theologie. Für die römische Antike war charakteristisch, daß – von Skeptikern wie Horaz (65–8 v. Chr.) oder Lukian von Samosata (120–180) abgesehen – an die Möglichkeit der Zauberei geglaubt und ihr Mißbrauch (maleficium) unter Strafe gestellt wurde. Dies läßt sich vom römischen *Zwölftafelgesetz* (ca. 450 v. Chr.) bis zur kaiserlichen Gesetzgebung der Spätantike nachvollziehen. Schadenzauberer sollten seit der Zeit des Kaisers Diocletian (ca. 245–313, reg. 284–305) lebendig verbrannt werden, während wohltätige Zauberei zunächst ungestraft blieb. Im Gegensatz dazu bezweifelten Christen die Wirksamkeit der Zauberei, betrachteten jedoch ihren Versuch – ob zu guten oder bösen Zwecken – als teuflisch. Demgemäß wurde seit der Zeit des Kaisers Constantius II.

(317–361, reg. 337–361), der alle Magier als Feinde des menschlichen Geschlechts (humani generis inimici) bezeichnete, die Todesstrafe auf jede – weiße und schwarze – Magie gesetzt. Diese Zaubereigesetzgebung ist in den *Codex Theodosianus* und danach in den *Codex Justinianus* eingegangen, die Rechtskodifikation des byzantinischen Kaisers Justinian I. (482–565, reg. 527–565), die durch die Rezeption des Römischen Rechts in Europa seit dem Zeitalter der Renaissance eine lange Nachwirkung entfaltete. Der Kirchenvater Augustinus begründete die für das christliche Europa grundlegende semiotische Magietheorie in *De Doctrina Christiana* folgendermaßen: Wer magische Operationen anstellt, erwartet eine physikalisch unmögliche Wirkung, die nur durch den Teufel erlangt werden kann. Magie im weitesten Sinne, etwa auch Amulette, Vorzeichenbeobachtung und Losverfahren (sortilegium), bekam damit den Status eines Zeichens, welches das Erscheinen des Teufels hervorrief.

Die Konsequenz der christlichen Magiedefinition kann an zahlreichen neu christianisierten Gesellschaften demonstriert werden. Deward E. Walker hat am Beispiel der Nec-Percé-Indianer nachgewiesen, daß in der traditionellen Religion der negative Komplex Hexerei/Zauberei dem positiven des Heilers und Schamanen gegenüberstand. Beide bezogen ihre Kraft von Schutzgeistern. Der Schamane war aufgrund divinatorischer Fähigkeiten Spezialist zur Entdeckung und Bekämpfung von Hexerei. Mit der Christianisierung am Ende des 19. Jahrhunderts wurde das Gegensatzpaar Zauberer und Schamane zusammengeworfen und dem Teufel, dagegen christlicher Priester und Arzt Gott zugeordnet. Diesen Prozeß der Umbewertung nichtchristlicher Systeme kann man genauso bei den Eskimo, in Afrika, auf den Philippinen oder im frühmittelalterlichen Europa zeigen, beispielsweise bei der Unterwerfung der Sachsen unter die Herrschaft Karls des Großen. Der Prozeß der Christianisierung Europas kam erst im Spätmittelalter zum Abschluß. Der Begründer der polnischen Jagiellonendynastie Großfürst Jagiello von Litauen (ca. 1351–1434, reg. 1377–1434) konvertierte erst bei der polnischen Thronbesteigung als Wladislaw II. Jagiello im Jahr 1386, die Christianisierung der Bevölkerung wird man mit zeitlicher Verzögerung ansetzen müssen.

Die Rückseite des düsteren Bekehrungskapitels nach dem Motto „Taufe oder Tod" war eine relative Milde gegenüber Glaubensirrtümern der Bekehrten. Charakteristisch für die Geistlichkeit des Früh- und Hochmittelalters war die Behandlung von Zauberern und Zaubergläubigen als Personen, die sich in einem Glaubensirrtum befanden und daher mit Bußen belegt werden mußten. Die Bußbücher sind voll mit solchen Bestimmungen. Jörg Haustein hat darauf hingewiesen, daß das Tötungsgebot der mosaischen Gesetzgebung (*Exodus 22,18:* „Eine Zauberin sollst du nicht leben lassen") bei Theologen wie Hrabanus Maurus (ca. 784–856) umgedeutet wurde in einen Ausschluß aus der Gemeinde, und Parallelen zu der milden Haltung in den europäischen Kolonien in der Frühen Neuzeit gezogen.

Nach verbreiteter Auffassung bahnte sich in der christlichen Theologie des 13. Jahrhunderts eine veränderte Einstellung gegenüber der Zauberei an. Thomas von Aquin (1225–1274) erläuterte in der *Summa contra gentiles* nicht nur ausführlich die augustinische Zeichentheorie, derzufolge magische Worte, Gegenstände oder Handlungen Signale an den Teufel für ein geheimes Einverständnis darstellten, sondern erweckt den Eindruck, daß Hexentaten mit Hilfe des Teufels tatsächlich ausgeführt werden konnten. Spätmittelalterliche Inquisitoren wie Bernardo Gui in seiner *Practica Inquisitionis* reicherten das zeitgenössische Wissen um die Techniken der Zauberer mit zahlreichen Details an. Der Inquisitor des Königreichs Aragon Nikolaus Eymericus (ca. 1320–1399) stellte in seinem *Directorium Inquisitorum* Zauberer und Magier 1376 den Ketzern gleich, welche den Teufel anbeten. Auch dies war freilich bereits in der augustinischen Zeichentheorie und der Betrachtung heidnischer Priester als Teufelsanbeter angelegt.

Inwieweit die Diabolisierung der Magie in der Bevölkerung akzeptiert wurde, kann man aufgrund der Quellenlage schwer sagen. Einerseits läßt sich beobachten, daß die Figur des Teufels in den Verhörprotokollen einen Stellenwert bekommt, andererseits behaupteten die befragten Magier noch in der frühen Neuzeit beharrlich, die Wirkung ihrer Mittel sei „natürlich". In den zahlreichen Aussagen von der Hexerei verdächtigten Personen und von Zeugen, die wir aus dem 16. und 17. Jahrhundert besitzen, bekommt man den Eindruck, daß die theologisch so wichtige Wirksamkeit des Teufels für die Bevölkerung keine entscheidende Rolle spielte. „Weiße Magie" und Wahrsagerei wurde gerne und ständig in Anspruch genommen, und dies mit einem reichhaltigen Repertoire an Zaubermitteln bis hinein in die gesellschaftlichen Oberschichten. „Schwarze Magie" galt als verwerflich wegen der Schäden, für die der Zauberer bzw. die Hexe direkt verantwortlich gemacht wurde, nicht etwa Gott oder der Teufel, wie von Theologen beklagt wurde. Der Umgang mit Magie war durch jene instrumentelle Haltung bestimmt, die Marcel Mauss (1872–1950) in seinem *Entwurf einer allgemeinen Theorie der Magie* diagnostiziert oder Malinowski und andere bei ihren Feldforschungen vorgefunden hatten. Das Leben nicht nur der einfachen Leute war durchdrungen von Magie. Wie Ernesto de Martino in *Il mondo magico* entgegen den Theorien Durkheims feststellte, stand diese Magie subjektiv nicht im Widerspruch zur Kirche. Wie diese begleitete sie alle wichtigen Stationen und Krisensituationen des Lebens, eröffnete jedoch einen Weg zum aktiven Handeln. Magie war lebensnotwendig, weil sie das Gegenmittel gegen Hexerei war, mochte die Kirche davon halten was sie wollte.

Wie in manchen Regionen Afrikas oder anderen Teilen der Welt standen auch in Europa die Hexen in einem Spannungsverhältnis zu übersinnlichen Mächten einerseits, zu ihren Nachbarn andererseits. Die Figur des Hexenfinders (witchdoctor), der durch Orakel und Wahrsagerei den Verdacht gegen bestimmte Personen bestätigen soll, ist offenbar eine universelle Erscheinung. Der erhärtete Hexereiverdacht führte auch im traditionellen Europa keineswegs zu einer Anklage vor Gericht. Vielmehr war den Geschädigten daran gelegen, den Zauber aufzuheben oder den Schaden wieder gutzumachen. Zur Erhöhung der Wirksamkeit wurden solche Ersuchen nicht selten in ritueller Form gestellt. In frühen Protokollen von Hexenprozessen finden wir häufig die Angabe, der vermutete Zauber sei daraufhin tatsächlich zurückgezogen worden. Diese Selbstregulation im Falle von Hexereiverdächtigungen ohne Einschaltung der Obrigkeit oder der herrschaftlichen Gerichtsbarkeit muß in Europa eine lange Tradition besessen haben, denn in den Protokollen finden sich oft Angaben, eine bestimmte Person sei bereits seit vierzig Jahren im Verdacht, oder über eine bestimmte Familie sei allgemein bekannt, daß sie seit Generationen Hexen seien, oder daß bereits Mutter und Großmutter im Verdacht gestanden hatten. Die Tatsache, daß auch bei solchen manifesten und dauerhaften Hexereiverdächtigungen keine Spur in den offiziellen Aufzeichnungen auftaucht, läßt erkennen, daß eine Strafverfolgung die Ausnahme, Koexistenz die Regel war.

In vielen Dörfern lebten Menschen, die über Generationen als Hexen bekannt waren. Ihre Zauberkraft wurde durch Abwehrmagie und Gegenzauber in Schach gehalten. Bekanntlich war es ein Kennzeichen der traditionellen katholischen Kirche, daß sie mit eigenen Mitteln in diesen Kampf einzugreifen bestrebt war, um ihre Kraft unter Beweis zu stellen. Wetterglocken zum Schutz vor Hagel, das Tragen geweihter Gegenstände, die heute oft unter folkloristischen Gesichtspunkten betrachteten Benediktionen für Haus, Stall, Vieh und Feld, Flurprozessionen und Umzüge dienten keinem anderen Zweck als dem Schutz vor Verhexung. Das Kreuzzeichen hatte neben seiner theologischen Symbolik apotropäische Bedeutung. Das Brauchtum nicht nur der bäuerlichen Bevölkerung war von der Verehrung bestimmter Heiliger bis zum Abbrennen von Jahresfeuern, auf die nicht selten Puppen gesetzt wurden, in hohem Maße von der Hexenvorstellung durchdrungen. Viele Erscheinungsformen der kirchlichen Magie wurden im Zeitalter der Aufklärung zusammen mit den Hexenprozessen verboten.

Die Frage, warum bevorzugt Frauen mit magischen Delikten in Verbindung gebracht wurden, erlaubt nur eine komplexe Antwort. In der christlichen Theologie hatte die größere Anfälligkeit des weiblichen Geschlechts für Anfechtungen des Teufels topischen Charakter. Allerdings erklärt dies nicht, warum in islamischen, hinduistischen oder animistischen Kulturen ähnliche Stereotype anzutreffen sind. Auch die in Europa häufig anzutreffende Arbeitsteilung, derzufolge Hexerei weiblich, der witch doctor jedoch männlich ist, scheint wenig mit christlichem Einfluß zu tun zu haben. In manchen europäischen Ländern wie in Island oder bei den Finnen und Esten war die Vorstellung des männlichen Zauberers stark verwurzelt. Kirsten Hastrup hat gezeigt, daß nur eine von 22 in Island hingerichteten „Hexen" weiblich war. Ähnlich ist das Bild in der ethnologischen Forschung. William und Claudia Madsen haben darauf hingewiesen, daß das Hexereikonzept bei den Tzotzil oder Nahuatl sprechenden Mexikanern wie zur Zeit des Aztekenreiches männlich sei, während bei den benachbarten Zapoteken Hexen und Heilerinnen stets Frauen sind.

Der Ethnologe Siegfried F. Nadel betrachtet Ängste vor Verhexung als Folge des Geschlechterkonflikts, wenn reale Frauenmacht in Widerspruch stand zu einer rechtlich untergeordneten Position, kann jedoch keinen signifikanten Unterschied zwischen dem Hexenglauben in matrilinearen und patrilinearen Gesellschaften entdecken. Die Attribution von Hexerei war nicht einfach das Produkt einer patriarchalischen Gesellschaft, doch erfuhr sie hier eine spezifische Ausprägung. Esther Goody hat den Akzent auf das Fehlen legaler Möglichkeiten der Aggression gelegt. Die Kategorie Geschlecht (gender) hat auch die Historiker beschäftigt. Christina Larner (1934–1983) hat darauf hingewiesen, daß Männer entsprechend ihrer gesellschaftlichen Position Aggressionen eher mit Gewalt, Frauen eher verbal äußerten. Die Konzentration der Anklagen auf alte Frauen wird damit begründet, daß diese oft Anlaß zu Bitterkeit, andererseits mehr Freiheiten von direkter männlicher Kontrolle gehabt hätten. Auch wurde auf die einfache Tatsache hingewiesen, daß Witwen sozial gefährdet waren, weil der Schutz des Mannes fehlte. Heide Wunder hat darauf aufmerksam gemacht, daß Hexereivorwürfe oft in der traditionellen Domäne der Frau entstanden, nämlich den Bereichen Hauswirtschaft mit Geburt, Kinderbetreuung und Krankenpflege. Aus diesem Grund wurden Verdächtigungen oft von Frauen gegen andere Frauen erhoben. Robert Muchembled und andere Historiker haben herausgearbeitet, daß die Erörterung von Hexereiverdächtigungen im Dorf wesentlich das Werk der Frauen war, deren interne Diskussionen über das Anwachsen von Gerüchten, die eventuell vor Gericht als Beweis angeführt werden konnten, entschieden.

Lyndal Roper hat die Körperbezogenheit des Hexereivorwurfs für die europäische Kultur hervorgehoben und darauf aufmerksam gemacht, daß die psychologischen und tiefenpsychologischen Dimensionen ungenügend berücksichtigt worden sind, daß dies aber für die frühe Neuzeit gerade anhand der Verhörprotokolle in Hexenprozessen möglich wäre, da die Verdächtigten stets Lebensgeschichten rekonstruieren und wie bei der Psychoanalyse Wendepunkte der biographischen Entwicklung herausarbeiten sollten. James Sharpe vertritt die Ansicht, daß die in der Anthropologie wichtigen Themen Menarche, Menstruation, Schwangerschaft, die Fähigkeit des Stillens oder die Menopause in ihrer historischen Beziehung zur Zauberei erst noch untersucht werden müssen. Die Schweizer Mediävistin Monica Blöcker hat die strukturalistische These gewagt, daß Frauen in der vormodernen Kosmologie kognitiv dem naturhaften Bereich zugeordnet waren, zu dem neben dem Element Erde auch die Luft gerechnet wurde, und daher vermehrt für Unwetter verantwortlich gemacht wurden. Diese Diskussion bleibt trotz der zahlreichen Beiträge weiter offen. Zu bedenken bleibt, daß Zeitgenossen Hexerei nicht als Teil eines verdeckten Geschlechterkampfes verstanden. Die Hexenforschung hat sich einstweilen auf die Formel Christina Larners geeinigt, Hexerei sei „geschlechtsbezogen, aber nicht geschlechtsspezifisch" (sex-related, not sex-specific).

Die Hexe spielt in der Tiefenpsychologie als Inversionsmotiv zur fruchtbaren, nährenden und befriedigenden Frau eine Rolle, wobei die bei einer bestimmten Patientengruppe auftretende Form der Stereotypisierung auf eine anthropologisch bedingte Angstebene verweist, zu der geschlechtsspezifische Aspekte der Mutterbeziehung hinzukommen können. In der Ethnopsychoanalyse findet sich die zugespitzte Formulierung, die Hexe sei „die fressende phallische Mutter der symbiotischen Phase", auf die Neid und Gier projiziert werde.

Auf einer anderen Ebene liegen die Studien zur Psychologie des Hexengläubigen von seiten der Vorurteilsforschung. Nach den bahnbrechenden *Studies in Prejudice* bilden Neigung zu Aberglauben und Stereotypenbildung, der Glaube an das Bestimmtwerden des Einzelschicksals durch geheimnisvolle Mächte und das Denken in starren Kategorien Kriterien der Persönlichkeitsstruktur der „Authoritarian Personality", aus welchen sich die Anhängerschaft Hitlers konstituierte. Theodor W. Adorno (1903–1969) vermutete, daß Ich-Schwäche „eine der wichtigsten Ursachen der Stereotypie und des Hanges zum Aberglauben ist". Zurückgegriffen wird hier auf Kategorien Freuds, die wie der in seinem Essay *Das Ich und die Abwehrmechanismen* (Wien 1936) genannte Begriff der Projektion in der Psychologie allgemeinere Anerkennung gefunden haben. Er steht auch im Hintergrund von Sündenbocktheorien (scapegoat theories) in der Sozialpsychologie, die Ausgrenzungsprozesse auf Stigmatisierung zurückführen (labeling approach). Tatsächlich kann man bei Etikettierungsvorgängen beobachten, daß neben sozialer Devianz auch Normabweichungen wie psychische Krankheit oder körperliche Auffälligkeiten eine Rolle spielten, die von Hautblutungen über Warzen bis zu dem berühmten „Hexenmal" reichen, welches die Anhänger des Hexenhammers als reguläres Beweismittel (stigma diaboli) in das Strafprozeßrecht einführen wollten. Der im Zusammenhang der Stereotypenforschung von Robert K. Merton entdeckte Mechanismus der *Self-fulfilling Prophecy* hat auch für den Hexenglauben Bedeutung. Die Gruppendynamik von Antihexereibewegungen wurde bislang kaum erforscht, doch werden sie von der Soziologie wohl nicht zu Unrecht in die Nachbarschaft nativistischer Widerstandsbewegungen und des vormodernen sozialen Protestes gerückt.

Einige Ethnologen haben sich in den vergangenen Jahrzehnten der Ansicht afrikanischer Kollegen geöffnet, daß Hexerei für diejenigen, die daran glauben, Realität besitzt. Beigetragen hat dazu die Diskussion über den Todeszauber in Melanesien. Personen, welchen von ihrer Gemeinschaft das Lebensrecht abgesprochen wird, versterben innerhalb weniger Tage, ohne daß äußerliche Gewalt angewendet wird. Versuche von Anthropologen oder Missionaren, ihr Leben zu retten, blieben ergebnislos. Derartige Phänomene kratzen ebenso an der europäischen Auffassung von der Nichtexistenz des Schadenzaubers wie neuere Erkenntnisse über die psychosomatischen Ursachen von Krankheiten. Wenn Zauberei und Hexerei aufgrund eines allgemein akzeptierten, von Täter und Opfer geteilten Glaubenssystems wirksam sein können, wären sie nicht einfach, wie der Soziologe Elliot P. Currie meinte, *crimes without victims*, sondern müßten unter Strafe gestellt werden, selbst wenn ein Indizienbeweis nach westlichem Strafprozeßrecht unmöglich wäre. Genau diese Diskussion wird gegenwärtig in Ländern Afrikas und Südostasiens geführt.

Abb. 2: Hexenflug, Wetterzauber, Teufelsanbetung, Teufelsbuhlschaft.
Titelholzschnitt von: Peter Binsfeld, *Tractat von Bekanntnuß der Zauberer und Hexen*, München 1591

# III. Hexenverfolgung

Hexenverfolgung kann es überall geben, wo man an Hexen glaubt. Entgegen der Interpretation, die im Anschluß an Evans-Pritchard in den Sozialwissenschaften viele Anhänger gewonnen hat, kann man der Mehrzahl der neueren Untersuchungen entnehmen, daß Hexerei kein wertneutrales Mittel zur Aufrechterhaltung eines sozialen Gleichgewichts war, sondern als Inbegriff des antisozialen Verhaltens empfunden wurde. Diese Klassifikation liegt in der Definition der Hexerei, deren Symbolsystem eine Umkehrung der gesellschaftlichen Werte bedeutet. Die Beispiele dafür reichen von den arktischen Inuit bis zu den Regenwaldbewohnern Neuguineas. In traditionellen Gesellschaften mit personalisiertem Hexereikonzept werden Personen, die im Verdacht der Hexerei stehen, wegen ihrer vermuteten besonderen Fähigkeiten mit Vorsicht behandelt, doch fast stets mit der Option, sie notfalls zur Rechenschaft zu ziehen. Die Sanktionen reichen vom Zwang zur Rücknahme des Zaubers über die Verbannung bis zur Tötung, und zwar kulturübergreifend durch physische Auslöschung mit Hilfe des Feuers.

In Europa waren Hexenverfolgungen im engeren und im weiteren Sinn während des größten Teils der Geschichte illegal. Edith Ennen hat ihre Forschungen in dem Satz zusammengefaßt, Zaubereiprozesse seien für das Früh- und Hochmittelalter nicht prägend gewesen. Wiederholt hören wir jedoch von Todesstrafen gegen Wahrsager, Zauberer und Wettermacher, die von „staatlichen" oder kirchlichen Institutionen verhängt wurden, wobei Folter oder Gottesbeweise zur Überführung dienten, etwa bei der Hexenverfolgung (maleficae et incantatrices) der fränkischen Königin Fredegunde (?–597) um 580 in Paris, bei der Folterung und Hinrichtung eines Zauberers und einer Hexe namens Rudpurg im Jahr 899 nach dem plötzlichen Tod König Arnulfs (ca. 850–899), oder bei der Verbrennung dreier Erntezauberinnen (perditrices frugum) bei Freising im Jahre 1090. Die Tatsache, daß gerade in diesem

Jahr eine Sedisvakanz der Hexenverfolgung bei der Bischofsstadt Raum bot, deutet auf eine Grenzsituation zur Illegalität hin, zumal Mönche des nahen Klosters Weihenstephan von einem Märtyrertod der Frauen sprachen, für ein ordentliches Begräbnis sorgten und den Vorfall der Nachwelt überlieferten.

Daß Pogrombewegungen gegen Zauberer oder Hexen größere Ausmaße annehmen konnten, verdeutlicht die berühmte Gewitterpredigt des Bischofs Agobard von Lyon (769–840), in welcher von der Häufigkeit der Lynchjustiz gegen vermeintliche Wettermacher berichtet wird, sowie von der Tötung von Zauberern, die man für das große Viehsterben von 810 verantwortlich machte. Im Jahr 1080 ermahnte Papst Gregor VII. (reg. 1073–1085) den Dänenkönig Harald (reg. 1076–1080) wegen des Brauches, alte Frauen und Priester für Stürme und Krankheiten verantwortlich zu machen und auf grausamste Weise umzubringen. Der Papst erklärte, daß diese Katastrophen Strafen Gottes seien und die Rache an Unschuldigen dessen Zorn nur erhöhen würde. Für das Jahr 1115 vermerkte eine Grazer Chronik lakonisch, daß dreißig Frauen an einem Tag verbrannt worden seien (*concrematae sunt triginta mulieres in Greez una die*). Bei der relativen Quellenarmut dieser Zeit wird man sicher mit weiteren sporadischen, von der Kirche nicht gebilligten Hexenverfolgungen rechnen können. Generell kann man sagen, daß die Unterdrückung des Wunsches nach Hexenverfolgung durch Kirche oder Staat bei gleichzeitigem starken Hexenglauben in vielen Teilen Europas zu Akten der Lynchjustiz geführt hat. Dies gilt für den Alpenraum ebenso wie für Skandinavien oder das orthodoxe Rußland. In Ungarn war Lynchjustiz zur Zeit der Osmanenherrschaft üblich, weil die türkische Obrigkeit sich weigerte, Hexereianklagen vor Gericht zu verhandeln. Beispiele wie die Tötung eines Adeligen in Wolhynien, der von einer aufgebrachten Menge unter Führung des Pfarrers und des örtlichen Adels wegen vermeintlichen Schadenzaubers (Epidemie) auf den Scheiterhaufen gesetzt wurde, sind nur überliefert, wenn – wie in diesem Fall durch die Ehefrau – Klage gegen die Mörder erhoben wurde. Janusz Tazbir meint, daß die Hälfte aller Opfer in Polen und der Ukraine durch Lynchjustiz verbrannt wurde, doch würde man sich genauere Belege für solche Aussagen wünschen. Das vorhandene Material verdeutlicht immerhin, daß die Selbsthilfe gegen vermeintliche Zauberer in Europa nicht unbekannt war.

Von diesem Hintergrund hebt sich mit dem eigentlichen *Zeitalter der Hexenverfolgung* ein definierbarer Zeitraum von 350 Jahren ab, in dem Hexenverfolgungen prinzipiell legalisiert und in so systematischer Weise betrieben wurden, daß sie sich zum Gesamtbild einer Verfolgungsperiode addieren. Systematische Hexenverfolgungen fanden auch während dieses Zeitraums nicht überall und dauernd statt, sondern waren an Ausnahmesituationen gebunden. Die Hexenforschung hat Einzelprozesse und *small panic trials* mit 4–19 Opfern unterschieden von größeren Hexenverfolgungen mit zwanzig und mehr Opfern, den *large-scale witch-hunts*. In einigen Fällen fanden sehr viel größere Verfolgungen statt, mit mehr als hundert oder mehr als 250 Opfern innerhalb weniger Monate in einem überschaubarem Areal, in einzelnen Fällen sogar mit mehr als 500 Opfern. Da eine derartige Erscheinung in den außereuropäischen Kulturen, den sogenannten „primitiven Kulturen" oder der islamischen, indischen oder chinesischen Zivilisation, ebenso den nichtrömischen christlichen Gesellschaften (Armenien, Georgien, Äthiopien, Griechenland oder Rußland) unbekannt geblieben ist, werden immer noch, wie schon in der ersten historischen Abhandlung des Aufklärers Christian Thomasius (1655–1728) *De origine ac progressus processu inquisitorii contra sagas*, als Voraussetzung der europäischen Hexenverfolgungen die ideologischen Rahmenbedingungen gesehen, welche durch das Römische Recht und die römisch-christliche Theologie für die lateinische Christenheit abgesteckt worden sind.

Tatsächlich kann man in der Formierung der christlichen Verschwörungstheorien im Hochmittelalter nicht mehr als eine Vorbedingung sehen, denn entscheidend für die Entstehung des kumulativen europäischen Hexenbegriffes waren Entwicklungen des ausgehenden 14. und frühen 15. Jahrhunderts. Angebliche frühere Massenverfolgungen in Südfrankreich wurden von Norman Cohn und Richard Kieckhefer ebenso als Fälschungen enttarnt wie ein frühes Gutachten des Juristen Bartolus von Sassoferato. Diese vor allem durch den Schriftsteller Étienne-Léon Lamothe-Langon (1786–1852) fingierten Quellen haben durch ihre Aufnahme in die grundlegende Quellensammlung Joseph Hansens (1862–1943) lange Verwirrung gestiftet. Mit der Quellenkritik wurde deutlich, daß erst während der Jahrzehnte um 1400 aus früher bereits bekannten Bestandteilen jene elaborierte Hexenvorstellung zusammengebaut worden ist, zu welcher neben dem theologisch notwendigen Teufelspakt der strafrechtsrelevante Schadenzauber gehörte, weiter die bereits von Thomas von Aquin sanktionierte geschlechtliche Vermischung der Hexen mit den Dämonen (Teufelsbuhlschaft) sowie der Flug durch die Luft (Nachtfahrt, Unholdenflug) zum Besuch der großen Hexenversammlung (Hexentanz, Hexensabbat). In der Rechtspraxis erwies sich die Hexentanzvorstellung als gefährlich, weil die Verdächtigten nach den Mitschuldigen gefragt wurden, die sie auf den Versammlungen gesehen haben sollten. Durch Folteranwendung konnte jene Kettenreaktion in Gang kommen, die zu Massenhinrichtungen führte.

Das Zeitalter der legalen Hexenverfolgungen begann in Europa um 1430 und endete um 1780. Der Verfolgungszeitraum lag in seinem Schwerpunkt nicht im „finsteren Mittelalter", sondern in der Neuzeit. Der Höhepunkt der Hexenverfolgungen ereignete sich in den Jahrzehnten zwischen 1560 und 1630, mit absoluten Verfolgungsspitzen in den 80er Jahren des 16. Jahrhunderts und in dem Jahrfünft 1626–1630. Während des restlichen 17. Jahrhunderts kam es immer wieder zu Verfolgungswellen. Noch die ganze erste Hälfte des 18. Jahrhunderts blieb die Gefahr von Hexenprozessen in Mittel- und Osteuropa virulent, während sich die ökonomisch und wissenschaftlich fortschrittlichen Länder Westeuropas zwar meist nicht de jure, aber de facto davon verabschiedet hatten. Der Hexenglaube galt längst als Zeichen bedauernswerter Rückständigkeit, als in den katholischen Territorien Süddeutschlands in den 1750er Jahren noch einmal eine ganze Serie von Hexenhinrichtungen stattfand. Doch erst die letzte legale Hexenhinrichtung, die zum Entsetzen der protestantischen Öffentlichkeit in dem reformierten Schweizer Kanton Glarus durchgeführt wurde, rief 1782 europaweit Empörung hervor.

In der Verfolgung der im frühen 12. Jahrhundert auftauchenden dualistischen Häresie der Katharer und der sich seit 1175 rasch verbreitenden apostolischen Bewegung der Waldenser wurden jene Strukturen entwickelt, welche später die organisierte Hexenverfolgung einleiteten: Vom Papst ernannte Inquisitoren, meist Theologen aus dem neugegründeten Dominikanerorden, ermittelten von Amts wegen (ex officio) gegen die Glaubensabtrünnigen. Nach öffentlichen Predigten, in denen die Bevölkerung zur Zusammenarbeit aufgerufen wurde, wurden Verdächtige in einem ausgeklügelten Vernehmungsverfahren ihrer Häresie überführt. Auf dem IV. Laterankonzil wurde 1215 der Einsatz der Folter im Inquisitionsverfahren gebilligt. Die Zwangsmittel und die Zusammenfügung aller vermeintlichen Nachrichten über die Lehren und die Taten der Ketzer führten zur Entwicklung der Vorstellung von der rituellen Teufelsanbetung. Dieser Vorwurf wurde nicht nur gegen Ketzer, sondern auch gegen die Juden erhoben. Die neuere Forschung hat deutlich gemacht, wie sehr das Judenstereotyp die Ausbildung des Hexenstereotyps beeinflußt hat. Ketzer bildeten zwar eine Verschwörung gegen die Kirche, doch Schadenzauber warf man ihnen nicht vor. Die Schuldigen für die periodischen Seuchenzüge des Spätmittelalters suchte man bei den Aussätzigen. Den Leprakranken warf man vor, aus Rache die Brunnen vergiftet zu haben. Dieser Vorwurf wurde im 14. Jahrhundert in Savoyen auf die Judengemeinden übertragen. Das obskure Pulver, mit dem die Juden ihren Schaden ausübten, taucht in den späteren Hexenprozessen ebenso auf wie der Blutmythos, Ritualmorde zur Erzeugung von Zaubermitteln, Marienfeindschaft oder die geheimen nächtlichen Zusammenkünfte. Nicht umsonst wurden die Zusammenkünfte der Hexen mit den hebräischen Worten Synagoge oder Sabbat bezeichnet. Während die *Synagoga*

*Satanae* in den frühen Traktaten öfters anzutreffen war, setzte sich später der Begriff *Hexensabbat* durch.

Die Gründe, warum in den Jahrzehnten um 1400 aus den traditionellen Feindbildstereotypen des teufelsanbetenden Ketzers und des brunnenvergiftenden Juden das Stereotyp der Hexensekte entwickelt wurde, sind nicht ganz enträtselt. Jean Delumeau hat die These verfochten, die europäische Kultur sei im 14. Jahrhundert von einer kollektiven Angst befallen worden. *La Peur en Occident* habe sich in den Schreckensdarstellungen in der religiösen Kunst und in den Hexenverfolgungen manifestiert, entstanden sei sie durch die äußere Bedrohung Europas durch den Islam, das vermehrte Auftreten von Hungersnöten und die Wiederkehr der Pest 1349 und die Kirchenspaltung, das Schisma von 1378. In diesem Wirrwarr von Argumenten fehlt freilich der logische Zusammenhang mit dem Hexenthema. Frantisek Graus hat bestritten, daß das Auftreten der Pest eine so große Zäsur bewirkt habe, wie behauptet. Ängste sind im Zusammenhang mit dem Schisma sicher aufgetreten, doch müßte erst noch gezeigt werden, daß sich Gebirgsbauern tatsächlich um die Wirksamkeit der erteilten Sakramente sorgten. Auch die Eroberung Moskaus durch die Mongolen oder Konstantinopels durch die Osmanen dürfte denen, welche sich in den Hochtälern Savoyens vor Hexen fürchteten, gleichgültig gewesen sein.

Schauplatz der Entstehung des „Superverbrechens" waren die Länder des ehemaligen Herzogtums Savoyen, zu denen unter Amadeus VIII. (1383–1451, Herzog 1416–1434) das ganze Gebiet um den Genfer See inklusive des Pays de Vaud gehörte, das obere Wallis, das Aostatal, das Gebiet um den Residenzort Chambéry und das ganze Piemont bis Nizza. Savoyen wuchs in den Jahrzehnten um 1400 eine eigenartige Zentralität zu, die in die Wahl Amadeus VIII. zum (Gegen-)Papst mit dem Amtsnamen Felix V. (amt. 1439–1449) auf dem Konzil von Basel mündete. Wie man der Zusammenstellung Massimo Centinis entnehmen kann, gewann in Savoyen seit den 1390er Jahren nach den Juden- und Waldenserverfolgungen das Magieproblem zunehmend an Bedeutung. In den

*Statuta Sabaudiae*, die Herzog Amadeus im Zuge seiner Staatsbildung erließ, war 1430 in noch traditioneller Terminologie viel von Zauberei die Rede. Zehn Jahre später heißt es in einer Erklärung des Papstes Eugen IV. (ca. 1383–1447, amt. 1431–1447), in Savoyen wimmele es von *stregule vel stregones seu Waudenses*.

Entscheidend für die Diagnose des Verbrechens war die erste Sitzungsperiode des Konzils von Basel. Die Begrifflichkeit des Anfang der 1430er Jahre verfaßten Traktates *Errores Gazariorum* ähnelt der in savoyischen Inquisitionsprozessen, erstmals greifbar 1388 im Ketzerort Pinerolo (Synagoga, Gazari). Auf diese Zeitebene wurde später die Entstehung der *secta strigiarum* datiert. Um 1400 fanden im Piemont und der Dauphiné, weitere Prozesse statt, in denen Ketzerei, Zauberei und Strigenglauben aneinanderrücken und mit der Feuerstrafe belegt werden. Der auf dem Konzil von Pisa gewählte Papst Alexander VI. erwähnt 1409 in einer Urkunde für den Inquisitor Pons Feugeyron, daß unzählige Christen und perfide Juden *novas sectas* gegründet hätten, und der Blick auf „sortilegi, divini, demonum invocatores, carminatores, coniuratores, superstitiosi, augures, utentes artibus nefariis et prohibitis" zu richten sei. Eine Bezeichnung für die neue Sekte existierte noch nicht, als 1418 Papst Martin V. (1368–1431, amt. 1417–1431) und 1434 Eugen IV. diesen Inquisitor in seinem Amt bestätigten.

Die Forschung konnte in den vergangenen Jahren neben Feugeyron weitere Akteure bei der Kreation des Superverbrechens namhaft machen, etwa den Inquisitor Uldry de Torrenté (vor 1400–1445) aus dem Dominikanerkonvent im savoyischen Lausanne, der zwischen 1428 und 1439 zahlreiche Prozesse in den Diözesen Lausanne, Genf, Sion, sowie den Städten Fribourg und Neuchâtel durchgeführt hat, bevor er Prior wurde. Erstmals nachweisbar ist Torrentés Tätigkeit 1428 im Wallis, wo nach Ansicht Johann Fründs (ca. 1400–1469) das Hexenverbrechen geboren wurde. Der Luzerner Chronist berichtet, wie bei diesen Verfolgungen in eineinhalb Jahren 200 Menschen verbrannt worden seien. Dem Zentrum der dominikanischen Reformbewegung in Basel kam eine wichtige Relaisfunktion bei der Verbreitung der neuen Hexereivorstellung zu. Sein Prior war zwischen 1431 und 1434 Johannes Nider (ca. 1380–1438), der Verfasser des *Formicarius*. Nider verdankt seine Informationen außer Torrenté, einem Inquisitor der Diözese Autun (Erzbistum Lyon) und dem Berner Landrichter Peter von Ey (amt. 1413 – vor 1406), der im Berner Oberland Zaubereiprozesse durchgeführt hatte. Niders dämonologischer Traktat gehörte zu den verbreitetsten Produkten dieser Gattung, er wurde 1475 als einer der ersten gedruckt und später häufig dem Hexenhammer beigebunden. Ein anderer Akteur war der Oberrichter der Dauphiné, Claude Tholosan (amt. 1426–1449), der während seiner Amtszeit gegen 258 Personen Hexenprozesse angestrengt hat. Seine Erfahrungen hat Tholosan um 1436 in dem Traktat *Ut magorum et maleficiorum errores* dargelegt. Zum Ausmaß dieser ersten Hexenverfolgungswelle in der europäischen Geschichte gibt es keine Schätzungen, doch könnten sie den zeitgenössischen Andeutungen über zahlreiche weitere Opfer zufolge mehr als fünfhundert Personen betroffen haben. Interessant wären auch Untersuchungen über Reaktionen auf diese Ereignisse im europäischen Rahmen. Der österreichische Jurist Fritz Byloff (1875–1940) hat darauf aufmerksam gemacht, daß nicht nur die bekannten Skandalprozesse gegen Jeanne d'Arc und Agnes Bernauer im selben Zeitraum stattfanden, sondern sich in Südtiroler Gerichtsrechnungen in den Jahren nach 1430 Ausgaben für Verbrennungen häufen („von der vetter Hansin und anderen, die verprannt sind").

Drei Traktate lieferten fast zugleich ausführliche Beschreibungen zu einem Zeitpunkt, als Papst Eugen IV. das Konzil trotz seiner konziliaristischen Mehrheitsfraktion anerkannte und Basel für drei Jahre Zentrum der Christenheit war. Folgerichtig machte der Papst 1437 mit einer Bulle alle Inquisitoren auf die Sekte der zauberischen Teufelsanbeter aufmerksam. Als der Papst im September das Konzil nach Ferrara verlegte und die in Basel verbliebene Mehrheit Amadeus VIII./Felix V. zum Gegenpapst wählte, konnte dies die Propagierung des neuen Verbrechens nur fördern. Als Sekretär des Konzilspapstes lieferte Martin Le Franc (ca. 1410–1461) um 1440 eine weitere ausführliche Beschreibung der Hexensekte in seinem *Le Champion des Dames,* welche unter anderem Tholosans Verfolgungen im Dauphiné erwähnt, wo sich die „vouldroies" zu ihrer „sinagogue" versammelten, um ihre „sorseryies" zu begehen. 1440 also hatte die Sekte endlich ihren Namen. Der auf den alten Strigenglauben zurückgehende Begriff *strega* und der aus den Waldenserverfolgungen stammende, an die Hexenjagden im Pay de Vaud anklingende französische Begriff *Vaudenses* fanden amtliche Anerkennung. Im Deutschen wurde der schwyzerdütsche Begriff *hexerye,* der erstmals 1419 in Luzern in einem Verfahren gegen einen Mann namens Gögler auftaucht, auf das neue Schwerverbrechen übertragen. Nach Fründ inquirierte Torrenté im Wallis bereits gegen die *ketzerye der hexsen.*

Kennzeichnend für die frühen Hexenverfolgungen ist, daß sie sich – wie auch sämtliche Papstdekrete des 15. Jahrhunderts – gegen Männer und Frauen gleichermaßen richten. Mit der Öffnung der Kirche gegenüber der Vorstellung eines realen Hexenfluges wurde die im Canon Episcopi sanktionierte alte Vorstellung von den nachtfahrenden Frauen aktualisiert. Der führende spanische Theologe Alfonsus Tostatus (1400–1455) rechtfertigte 1440 in dem Bibelkommentar *De maleficis mulieribus, que vulgariter dicuntur bruxas* den Hexenflug. In aggressiver Form polemisierte der dominikanische Inquisitor und Konzilstheologe Nikolaus Jacquier (?–1472) in seinem *Flagellum haereticorum fascinariorum* mit den Erfahrungen über die neue Hexensekte gegen die Gültigkeit des alten Canon Episcopi. Einen Entwicklungssprung machte die Hexentheorie Ende der 1450er Jahre durch die berüchtigten Verfolgung der „Vauderie" in der Bischofsstadt Arras, die mehrere Erfahrungsberichte über das neue Hexenwesen anregte. Folgerichtig finden sich um 1460 theologische Bemühungen um die systematische Einordnung der Sekte in den größeren europäischen Ländern. Der Superior der lombardischen Dominikanerprovinz Girolamo Visconti (ca. 1415–1478) beantwortete die Frage *An strie sint velut heretice iudicande* im Jahr 1460 positiv und bestätigte nach einer Diskussion des Canon Episcopi auch die Realität des Hexensabbats.

Erstmals finden sich in diesem Zusammenhang bildliche Darstellungen des Fluges mit Hilfe von Dämonen in Buchminiaturen, zunächst in handgeschriebenen Ausgaben des „Champion des Dames" und des Traktats *Contra Sectam Vaudensium* des Jean Taincture (vgl. Abb. 1). Möglicherweise gab es sogar eine gesteuerte Bildpropaganda zu dieser Thematik, denn es fällt auf, daß im ausgehenden 15. Jahrhundert von Dänemark bis Slowenien luftfahrende Frauen, die auf Teufeln, Tieren oder Gegenständen reiten, in der Freskierung von Kirchenräumen auftauchen. Naturgemäß lassen sie sich weniger genau datieren als Buchmalereien, doch hat Jens Johansen aufgrund der Analyse derartiger Darstellungen in 17 dänischen Kirchen eine Datierung auf den Zeitraum nach 1450 vorgeschlagen. Untersuchung bedürfte die These, ob die Kirchenmaler für diese Thematik bereits auf gedruckte Musterbücher oder andere einheitliche Vorlagen zurückgreifen konnten, ob sie populäre Vorstellungen verbildlichten oder im Auftrag der zuständigen Bischöfe Exempel aus den frühen Dämonologien in der Art der *Biblia pauperum* für die Leseunkundigen in leichtverständliche Bilder übersetzten. Illustrierte dämonologische Traktate kamen erst um 1490 auf und bewirkten binnen kurzem eine ungeheure Popularität der Hexen als Bildsujet.

Der aus der elsässischen Reichsstadt Schlettstadt stammende Heinrich Kramer (Institoris) gehörte wie andere Dämonologen des 15. Jahrhunderts zu den dominikanischen Inquisitoren, die sich auch bei der Bekämpfung anderer Glaubensabweichungen (Waldenser, Husiten, u.a.) und der Juden hervortaten. Kramer propagierte seit seiner Ernennung zum Inquisitor für sämtliche Diözesen Deutschlands jene aktive Hexenverfolgung, die mit seinem Namen verbunden wird. Seine Aktivitäten seit Anfang 1480 in Südwestdeutschland stießen jedoch auf so anhaltenden Widerstand, daß Kramer nach Rom reiste, wo er von Papst Innozenz VIII. (1432–1492, amt. 1484–1492) die berüchtigte Bulle *Summis desiderantes affectibus* erwirkte, in der die Notwendigkeit der Hexeninquisition in Deutschland autorisiert, und er zum päpstlichen Beauftragten ernannt wurde. Ausgestattet mit dieser Blankovollmacht versuchte Kramer auf seiner Rückreise 1485 in der Tiroler Hauptstadt Innsbruck eine Hexenverfolgung vom Zaun zu brechen. Brutaler Zwang, der unmäßige Einsatz der Folter, Verweigerung jeder Verteidigung und systematische Verdrehung der Aussagen der verhörten Frauen kennzeichneten seine Prozeßführung, wie Heide Dienst gezeigt hat. Bürgerschaft und Geistlichkeit der Stadt, der Tiroler Adel und der zuständige Bischof der Diözese Brixen sahen sich zum Einschreiten gezwungen. Bischof Georg Golser (ca. 1420–1489) bezeichnete nach gründlicher Untersuchung den Hexenjäger als eine Person, die wegen hohen Alters „ganz kindisch" geworden sei, suspendierte die Verfolgung und forderte den Inquisitor zum Verlassen der Diözese auf. Alle verdächtigten Frauen wurden freigelassen. Die Regierung der Grafschaft Tirol ließ nie wieder eine Hexenverfolgung zu.

Die gescheiterte Innsbrucker Hexenverfolgung bildete das Motiv für die Abfassung des *Malleus maleficarum,* wobei Kramer mit den Texten theologischer Autoritäten wie Augustinus oder Thomas von Aquin ebenso willkürlich verfuhr wie mit den Aussagen der verhörten Frauen. Trotzdem erregte der später so genannte „Hexenhammer" großes Interesse. Die Erfindung des Buchdrucks trug erheblich dazu bei, denn dieses neue Medium erlaubte erstmals die marktorientierte Produktion. Der Schwerpunkt der Rezeption lag Anfang der 1490er Jahre, und es wird traditionell mit auf die Wirkung dieses Werkes zurückgeführt, wenn die Hexenverfolgungen in Mitteleuropa genau zu diesem Zeitpunkt einen Höhepunkt erlebten. Es ist bezeichnend, daß die Gegenschrift des Konstanzer Juristen Ulrich Molitor (1442–1507) *De laniis et phitonicis mulieribus, Teutonice unholden vel hexen,* welche in Form eines Dialogs die Möglichkeit der Tierverwandlung, des Hexenfluges und damit auch des Sabbatbesuchs bestritt, noch größere Verbreitung fand. Molitors Schrift wurde in den Jahren nach 1490 etwa zehnmal aufgelegt und mit dem Titel *Von Unholden und Hexen* auch ins Deutsche übersetzt.

Sechs Holzschnitte eines unbekannten Künstlers in der bei Hist gedruckten Speyerer Ausgabe von Molitors Traktat, welche die phantastischeren Komponenten des Hexereidelikts – Hexenschuß, Tierverwandlung, Hexenflug, Sabbatmahl, Teufelsbuhlschaft und Wetterzauber – ins Bild setzten, begründeten 1493 die Popularität des Hexensujets in der europäischen Druckgraphik. In das im selben Jahr erscheinende *Liber Cronicarum* des Nürnberger Humanisten Hartmann Schedel wurde offenbar in letzer Minute noch ein Hexen-Holzschnitt eingefügt. Albrecht Dürer (1471–1528) begann spätestens 1497 mit der Produktion von Hexenbildern, gefolgt von anderen berühmten Künstlern seiner Zeit wie Hans Baldung Grien (1485–1545), Niklaus Manuel Deutsch (ca. 1483–1530), Urs Graf (ca. 1485–1525) oder Albrecht Altdorfer (1480–1538). Wie Jane P. Davidson herausgearbeitet hat, gehörten die Hexen zu den verbreitetsten Bildthemen dieser Zeit. Da die frühe Druckgraphik bereits für den Markt produziert wurde, kann man auf eine erhebliche Nachfrage nach diesen Bildern schließen. Entgegen der Ansicht von Charles Zika deuten solche Produktionen, bei denen etwa die weibliche Sexualität thematisiert wurde, nicht unbedingt auf einen ausgeprägten Hexenglauben der Künstler oder Käufer. Die pornographischen Bilder Baldungs oder die ästhetischen Darstellungen weiblicher Nacktheit bei Dürer belegen keine *Fear of Flying*, sondern demonstrieren nur, daß die Hexe zu einem beliebten Sujet der Frauendarstellung geworden war.

Das Ausmaß der vorreformatorischen Verfolgungen ist bislang nur unzulänglich erforscht. Kramer spricht 1486 von den 48 Opfern seiner Verfolgung in der Diözese Konstanz. Nach dem Innsbrucker Fiasko dürfte Kramer im Elsaß gewirkt haben, in der Umgebung seines Schlettstädter Konvents. Vielleicht hatte er auch mit der Vertreibung der Juden aus dieser Stadt zu tun. 1488 rief er in der Diözese Trier zu Hexenverfolgungen auf und im selben Jahr wurden 35 Hexen in Metz verbrannt. In einem *Ratschlag Unhulden* an den Nürnberger Rat von Anfang Oktober 1491 rühmt sich Kramer, daß aufgrund seiner Inquisitorentätigkeit bisher „mehr als 200 Hexen" hingerichtet worden seien. Das weitere Wirken des Inquisitors bleibt bislang im dunkeln. Die Jahrzehnte zwischen 1470 und 1520 waren Krisenjahre, in denen nach Sündenböcken gesucht wurde. Auch wo – wie in den Schweizer Städten – kein päpstlicher Inquisitor auf der Bühne erschien, kam es zu Todesurteilen wegen angeblicher „Hägxerye". In Frankreichs Osten und Deutschlands Westen rheinabwärts bis in die Niederlande gab es bis Anfang der 1520er Jahre immer wieder kleinere Verfolgungen. Das Ausmaß der vorreformatorischen Hexenverfolgungen wurde Ende des 16. Jahrhunderts mit 3000 Opfern angegeben, doch ist nicht ersichtlich, worauf diese Quantifizierung basiert.

Abgesehen von Teilen der Schweiz, Frankreichs und Nordspaniens waren es die Alpentäler Oberitaliens (Val Tellina, Valcamonica, etc.), in denen die vorreformatorischen Verfolgungen ihre volle Wirksamkeit entfalteten. Hier verbrannten Inquisitoren wie der Dominikaner Bernardo Rategno (ca. 1450–1510) in der Diözese Como Hunderte von Menschen und berichteten darüber in gedruckten Erfahrungsberichten. Nach der Mitteilung des Dominikaners Bartholomäus Spina (ca. 1480–1546) von 1525 wurden durch die Inquisition von Como über zwanzig Jahre lang jährlich etwa tausend Personen wegen Hexerei verhaftet und hundert verbrannt. Widerstand dagegen wird zuerst sichtbar mit der 1505 publizierten Schrift *De lamiis, quas strigas vocant* des franziskanischen Philosophen Samuel de Cassinis aus Mailand, welcher die Wirklichkeit des Hexenfluges, des Hexensabats und damit der neuen Hexenvorstellung unter Berufung auf den Canon Episcopi in Frage stellte. Diesem Widerstand schloß sich mit Andrea Alciati (1492–1550) einer der bedeutendsten zeitgenössischen Juristen an. Man wird den Rückgang der Verbrennungen in Italien auf einen Wandel der öffentlichen Meinung zurückführen müssen, bei dem die Politikergeneration Niccolo Machiavellis (1469–1527) dem Fanatismus der Inquisitoren ein Ende bereitete. Waren es in Italien Humanisten und

Politiker und in Deutschland Humanisten und Reformatoren, so trat in Spanien die Inquisitionsbehörde selbst den Greueln entgegen. Auf einer 1526 nach Granada einberufenen Konferenz wurde beschlossen, in Hexenfragen sehr vorsichtig zu verfahren und dem Hexenhammer keine autoritative Bedeutung zuzugestehen.

Das 1532 verabschiedete Strafrecht Karls V., die *Constitutio Criminalis Carolina*, ignorierte das angebliche Hexenverbrechen und enthält nur einen traditionellen Artikel gegen Schadenzauber (Art. 109), dessen Behandlung durch drei prozeßrechtliche Artikel besonders skrupulös geregelt wird (Art. 21, 44, 52). Mit dem Ende der Hexenverfolgungen hörten auch die Neuauflagen der dämonologischen Literatur auf. Manche Zeitgenossen hatten aufgrund dieser Veränderungen den Eindruck, die Verfolgungsperiode sei beendet. Freilich mag hier der Wunsch der Vater des Gedankens gewesen sein, denn bei genauem Hinsehen zeigt sich, daß an einigen Orten weiter Hexenprozesse stattfanden. Mit der Erfindung des illustrierten Einblattdrucks wurde in dieser prozeßarmen Zeit die Durchführung von Hexenverbrennungen sogar als besondere Sensation verkauft. Einer dieser Vorfälle betraf in Deutschland 1533 die Verbrennung einer Frau in Schiltach bei Basel, ein zweiter die Hinrichtung von vier Hexen in Wittenberg im Jahre 1540. Der Holzschnitt dafür stammte aus der Werkstatt von Lukas Cranach, dem Propagandisten des Reformators Martin Luther. Dieser Sündenfall des Luthertums konnte den Anhängern sowenig behagen wie ähnliche Vorfälle im Bereich der reformierten Kirchen. Kurz nach Johannes Calvins (1509–1564) Einzug in Genf wurden 1545 mehrere Männer als Hexen verbrannt, und Calvin drängte aktiv auf Ausdehnung der Verfolgung. In Jütland kam es 1543 sogar zu einer Hexenjagd, der 52 Personen zum Opfer fielen. Die dänische Regierung erließ daraufhin restriktive Bestimmungen. Im katalanischen Tarragona erlaubte 1548 ein Inquisitor die Verbrennung von sieben Frauen. Die Suprema war darüber so entsetzt, daß sie den Inquisitor bestrafen ließ. Es war der letzte Fall einer Hexenhinrichtung durch die katalanische Inquisition.

Im Vergleich zu dieser zögerlichen Prozeßtätigkeit bedeutete das Wiedereinsetzen großer Hexenverfolgungen ein dramatisches Ereignis. *Warhafftige und Erschreckhenliche Thatten und Handlungen der 63 Hexen und Unholden, so zu Wiensteig mit dem brand gerichtet worden sind* berichtete eine Neue Zeitung 1563 aus der kleinen lutherischen Reichsherrschaft Wiesensteig des Grafen Ulrich XVII. von Helfenstein (1524–1570, reg. 1548–1570) auf der Schwäbischen Alb. Anfang der 1560er Jahre bekam das Hexenthema plötzlich neue Aktualität quer durch Europa, vom lutherischen Norwegen bis zum katholischen Sizilien. Gutinformierte Zeitgenossen wie der Organisator der Gegenreformation Petrus Canisius SJ (1521–1597) in Deutschland stellten fest, daß Hexen jetzt allenthalben verbrannt würden und es niemals zuvor so viele gegeben habe. Warum kam es aber zu diesen plötzlichen Pogromen? Gedacht wurde an eine vergrößerte Akzeptanz der Hexenvorstellung des Hexenhammers durch aufstachelnde Predigten, an die Verhärtung der konfessionellen Fronten mit dem Einsetzen der Gegenreformation und dem Auftreten der reformierten Partei, an den Staatsbildungsprozeß, der durch stärkere administrative Erfassung der Untertanen einen intensiveren Zugriff auf ihren Glauben bzw. Aberglauben ermöglichte. Im Bereich der Justiz wurde der Übergang vom älteren Akkusationsprozeß zum Inquisitionsprozeß genannt, bei dem staatliche Gerichte von Amts wegen unter Einsatz der Folter ermittelten, was im Zusammenhang mit der Hexentanzvorstellung besonders gefährlich war.

Alle genannten Theorien haben den Nachteil, daß sie nicht die Synchronität des Verfolgungseifers bei sehr unterschiedlichen regionalen Voraussetzungen erklären können. Auch in Gebieten ohne Rezeption des Römischen Rechts ist ein Anstieg der Hexenprozesse zu verzeichnen, und es ist kein Zufall, daß gerade in England und Schottland 1563 jeweils ein *Witchcraft Act* erlassen wurde und Hexenprozesse begannen. Betrachtet man einen konkreten Fall, dann bleibt von den großen Theorien wenig übrig. In einem Jahrzehnte dauernden Schadensersatzprozeß vor dem Reichskammergericht, den eine hexereiverdächtige Frau und ihre Söhne gegen den Grafen von Rechberg anstrengten, wurde immer wieder der Hergang der Verfolgung von Zeugen der beteiligten Parteien geschildert. Dabei wird sichtbar, daß die Bauern der Ritterherrschaft Illereichen 1562 vor das Schloß des Grafen Rechberg marschierten und diesen als Grund- und Gerichtsherrn zur Gewährung von „Schutz und Schirm" aufforderten, nachdem ihre Felder überschwemmt waren und das Vieh starb. Kein eifernder Geistlicher ist hier in Sicht, und der Graf, der offensichtlich noch niemals mit Hexenfragen beschäftigt gewesen war, wurde von dieser Situation überrascht. Gedrängt von den Untertanen begann er mit einer Verfolgung, bei der gelehrtes Recht und elaborierte Dämonologie keinerlei Rolle spielten. Als Hexenfinder diente wie bei vielen frühen Hexenverfolgungen ein herbeigerufener externer Scharfrichter, der sich mit Gegenzauber (Weihwasser, geweihtes Salz, etc.) und Hexenfolterung auskannte. In sozialgeschichtlicher Hinsicht dürfte es schwerfallen, zu beweisen, daß in Wiesensteig oder Illereichen 1562/63 der Kapitalismus eingeführt, ein Staat gebildet oder die Bauernschaft einem besonderen Akkulturationsprozeß unterzogen worden ist. Hier ging es um Schadenzauber, die Beseitigung der Verursacher einer vermeintlichen „unnatürlichen" Häufung von Unglück.

Freilich läßt sich dieses lokale Unglück einordnen in den Kontext vieler ähnlicher Vorfälle. Eine Erklärung für das synchron einsetzende Interesse für die Hexen bietet das Phänomen der Klimaverschlechterung, die als *Kleine Eiszeit* (Little Ice Age) bezeichnet worden ist. Klimahistoriker bezeichnen damit eine relative Kälteperiode, die nach der langen Warmzeit des Hochmittelalters die nördliche Hemisphäre betraf. Die generelle Abkühlung traf eine Gesellschaft mit fragiler Subsistenz. Witterungsbedingte Mißernten führten zu Teuerungskrisen, von denen vor allem Wein und Brot betroffen waren, weil Rebstöcke und Brotgetreide als mediterrane Pflanzen in besonderem Maße kälteempfindlich sind. Ketzer, Aussätzige oder Juden, die seit dem Hochmittelalter verfolgt wurden, waren nicht mit dem Wetter in Verbindung zu bringen, wohl aber die wettermachenden Hexen. Vielleicht liegt hier überhaupt das entscheidende Ingredienz für das Entstehen des neuen „Superverbrechens" der Hexerei in den Westalpen nach 1420, denn die Hochtäler waren naturgemäß von der Abkühlung besonders betroffen. Die Winter wurden länger, die Gletscher wuchsen, die Vegetationsperiode verkürzte sich, die Ernten waren gefährdet und damit das tägliche Brot. Damals stellte man sich in diesem Gebiet auf den Almweidebetrieb um. Nach den Vorboten im 14. und 15. Jahrhundert, in den 1430er Jahren und im Zeitraum zwischen 1480 und 1520, setzte nach einer Latenzphase von vierzig Jahren um 1560 die Kernphase der Kleinen Eiszeit ein. Auf den kalten Winter 1561/62 folgte der niederschlagsreiche Sommer, der Überschwemmungen mit anschließenden Epidemien bei Mensch und Tier verursachte. Damit begann eine Epoche widriger Witterungslagen, die von den Betroffenen oft als „unnatürlich" empfunden wurden.

Vor dem Hintergrund der durch mehrere Indikatoren nachgewiesenen Abkühlung lassen sich andere Zeitphänomene neu einordnen, etwa die grassierende Endzeiterwartung in theologischen Traktaten, welche sich an die vermeintlichen Zeichen Gottes knüpften. Von Bedeutung war die Auseinandersetzung der Stuttgarter Prediger Matthäus Alber (1495–1570) und Wilhelm Bidembach (1538–1572) mit den brandgefährlichen Ansichten ihres Esslinger Kollegen Thomas Naogeorgus, der die Hexen für das außerordentliche Hagelunwetter vom 3. August 1562 verantwortlich machte und eine Verfolgung nach Wiesensteiger Muster forderte. Ihre *Summa etlicher Predigen vom Hagel und Unholden* ging noch 1562 in Druck und erlebte bis ins frühe 17. Jahrhundert hinein Nachdrucke. Alber und Bidembach traten mutig den Aggressionen der Bevölkerung entgegen und verfochten die orthodox-lutherische Auffassung vom Wetterzauber in der Tradition des Reformators Johannes Brenz (1499–1570), der zufolge allein Gott verantwortlich sei. Diese Argumentation hatte nur einen kleinen Fehler: Prinzipiell hielt auch Brenz in seiner *Predigt von dem Hagel und Ungewitter* an der Legalität von Hexenverbrennungen fest. Deswegen kam es 1564/65 zu einer zweiten heftigen Debatte. Johann Weyer griff Brenz wegen seiner Inkonsequenz öffentlich an: Wenn die Hexen kein Wetter machen könnten, sei es nicht nur unmenschlich, sondern illegal, die Todesstrafe gegen sie zu verhängen, denn das Reichsrecht sah nur die Todesstrafe wegen Schadenzaubers vor. Folge dieser Attacken war – wie in Schottland – die Veränderung der Gesetzgebung in den deutschen Territorien. Um die Lücke zwischen Reichsrecht und theologischer Verurteilung der Hexerei zu schließen, verschärften Württemberg, die Kurpfalz und Kursachsen binnen weniger Jahre ihr Recht, sodaß künftig Schadenzauber für ein Todesurteil nicht mehr erforderlich war, sondern böser Wille und der Pakt mit dem Teufel ausreichten.

Daß wir es bei den Verfolgungen nicht mit einem lokalen oder regionalen Ereignis zu tun haben, kann man daran ablesen, daß in ganz Europa ein Anstieg der Verfolgung magischer Delikte stattfand, auch dort, wo es nicht zu Hexenverfolgungen kam. Serielle Untersuchungen der Inquisitionsregister in südeuropäischen Ländern führten zu dem Ergebnis, daß die magischen Delikte die Ketzereien an Häufigkeit ablösten. In Neapel dominierten sie seit 1570, in Venedig seit 1585, im Friaul seit 1595. In vielen Gegenden Nordeuropas bildete die Hungerkrise von 1570 einen Markstein der Entwicklung. Im Schweizer Kanton Zürich oder im Elsaß begannen jetzt systematische Hexenverfolgungen. Entsprechend setzte überkonfessionell eine Blütezeit der Dämonologie ein, die auf die mittlerweile alten Lehren des Hexenhammers zurückgriff, auch wenn sie auf protestantischer Seite nach dem evangelischen Schriftprinzip Textstellen der Bibel (Exodus 22,18 etc.) in den Vordergrund rückte. Der Nachfolger Calvins im Genfer Gottesstaat und Autor von *Les Sorciers* (Lyon 1572) Lambert Daneau (1530–1596) reflektiert das Wiedereinsetzen der Verfolgungen in Savoyen und in der Westschweiz. Ausgedehnte Hexenjagden begannen praktisch gleichzeitig im Elsaß, in der Champagne oder dem niederdeutschen Hochstift Osnabrück, oft im Zusammenhang mit der Hungerkrise von

1570. Der berühmte Jurist Jean Bodin (1530–1596), dessen *Démonomanie des Sorciers* (Paris 1580) zu den übelsten Produkten des Genres gehört, zieht als Beispiel Hexenprozesse in Ribemont 1576 heran, die wegen ihrer Widerrechtlichkeit durch das Parlement von Rouen beanstandet worden waren.

England und Frankreich erlebten nach einem starken Anstieg seit 1560 in den 1580er Jahren den Höhepunkt der Hexenverfolgungen. Ebenso sind im Baltikum, in Ungarn und Österreich vermehrt Hexenprozesse zu beobachten. Im Pays de Vaud, dem Waadtland des reformierten Kantons Bern, wurden zwischen 1581–1620, wie Peter Kamber im einzelnen nachgewiesen hat, nicht weniger als 970 Menschen als Hexen verbrannt, insgesamt dürften es über tausend gewesen sein. Dies war mit Abstand die größte Hexenverfolgung im protestantischen Europa. Zwischen einem Inquisitionsgericht in Spanien, einem Landgericht in der Schweiz, einem Stadtgericht im Baltikum, einem Adelsgericht in Ungarn oder einem Assize Court in England gab es nur wenig Gemeinsamkeiten. Wenn sie alle gleichzeitig ihre Aufmerksamkeit den magischen Delikten zuwandten, mußte es dafür einen Grund jenseits der politischen, juristischen, sozialen und konfessionellen Strukturen geben.

Ihren bisherigen Höhepunkt erreichten die europäischen Hexenverfolgungen Ende der 1580er Jahre in so entfernten Gebieten wie Britannien, Frankreich, den spanischen Niederlanden, Deutschland, Teilen Oberitaliens und der Schweiz. Der Trierer Kanoniker Johann Linden erwähnt in seinen *Gesta Treverorum* für die Amtszeit des Erzbischofs Johann VII. von Schönenberg (amt. 1581–1599) folgenden Hintergrund der Hexenverfolgungen: „Kaum einer der Erzbischöfe hat mit so großer Beschwernis, mit solchem Verdruß und unter solcher Not die Diözese regiert wie Johann (...). Dazu mußte er in der ganzen Zeit seiner Regierung den ständigen Mangel an Brotgetreide, die Unbill der Witterung und den Mißwachs auf den Feldern mit seinen Untertanen aushalten. Denn nur zwei Jahre von den neunzehn waren fruchtbar, die Jahre 1584 und 1590 ... Weil man allgemein glaubte, daß der durch viele Jahre anhaltende Mißwachs durch Hexen und Unholden aus teuflischem Haß verursacht werde, erhob sich das ganze Land zu ihrer Ausrottung ...". Der *Tractatus de confessionibus maleficorum et sagarum* des Trierer Weihbischofs Peter Binsfeld (1545-1598) spiegelt die Erfahrungen der Trierer Verfolgungen wider und prägte die Auffassungen der katholischen Verfolgungspartei in Deutschland (Abb. 2).

Die Kurtrierer Verfolgung war mit über 350 Opfern die bis dahin größte Verfolgung in Deutschland. In ganz Süddeutschland dürften – vom Rheinland bis Bayern – während dieser Verfolgungswelle mindestens zweitausend Menschen als Hexen verbrannt worden sein. Eine *Erweytterte Unholden Zeyttung* berichtete von Hexenverfolgungen in zahlreichen Territorien und lieferte ein Panorama der von den Hexen bewirkten Unwetter und Verwüstungen. Da Hexenverfolgungen für manche Gebiete Deutschlands überhaupt neu waren, bestand ein erheblicher Informationsbedarf. Dieser wurde in der Buchmessestadt Frankfurt unter anderem gedeckt durch ein *Theatrum de Veneficis,* welches frühere Hexentraktate und Zeitungsberichte in einem Sammelband zusammenfaßte, sowie in literarischer Form in der *Historia von D. Johann Fausten,* welche 1587 das Motiv des Teufelsbundes thematisierte und zu einem Thema der Weltliteratur erhob. Doch auch in den anderen Verfolgungsländern wurde das Informationsbedürfnis befriedigt. Der schottische König James VI. (1566-1625), später als James I. König von England, zog in seiner *Daemonologie* selbst die Summe aus den umfangreichen schottischen Verfolgungen der Jahre um 1590, den zweitgrößten im protestantischen Europa nach der im Berner Pays de Vaud.

Über die Hexenverfolgung im Herzogtum Lothringen (ca. 400 000 Einwohner) steht eine zusammenfassende und vergleichende Studie noch aus. Unter der Regierung des Herzogs Charles III. (1543-1608, reg. 1552-1608), der als führendes Mitglied der 1576 gegründeten *Ligue de défense de la Sainte Église Catholique* und enger Verwandter der Guise eine wichtige Rolle in der französischen Politik spielte, fanden die größten Hexenverfolgungen im französischen Sprachraum statt.

Im Hinblick auf den militanten Katholizismus der Lothringer, die seit dem Massaker von Vassy 1562 an den Hugenotten die Toleranzpolitik des Königtums mit blutigen Mordaktionen beantworteten, bilden die Hexenverfolgungen ein interessantes Seitenstück. Der lothringische Procurateur Générale Nicolas Rémy (ca. 1528–1612) rühmte sich in seiner *Daemonolatria* (Lyon 1595), während der vergangenen fünfzehn Jahre 900 Hexenhinrichtungen bewirkt zu haben. Unter Henry II. (1564–1624, reg. 1608–1624) und seinem Generalstaatsanwalt Claude Rémy (amt. 1612–1631), der 1606 den Vater im Amt ablöste, wurden die Verfolgungen fortgesetzt. Robin Briggs rechnet mit dreitausend Hexenprozessen und 2700 Opfern. Falls sich dies bewahrheiten sollte, wäre es die weitaus größte Hexenverfolgung in der ganzen europäischen Geschichte. Dem an der Nahtstelle zwischen Frankreich und dem Reich gelegenen Lothringen kam damit, wie in der Politik so auch in der Hexenfrage, eine zentrale Funktion zwischen deutschem und französischem Sprachraum zu, die noch der weiteren Untersuchung bedürfte, besonders im Hinblick auf den politischen Katholizismus in den spanischen Niederlanden und in Deutschland.

Nach den großen Verfolgungen am Ende des 16. Jahrhunderts war die Zeit gekommen für eine Summe der Dämonologie. Diese Aufgabe fiel dem in Antwerpen geborenen spanisch-niederländischen Jesuiten Martin Delrio (1551–1608) zu, der wegen seiner Gelehrsamkeit von Justus Lipsius als Wunder des Zeitalters bezeichnet wurde. Seine vor dem Hintergrund harter Hexenverfolgungen in Brabant unter Erzherzog Albert und der Infantin Isabella (reg. 1598–1621) publizierten *Disquisitionum magicarum libri sex* (Löwen 1599/1600) bilden den Höhepunkt der europäischen dämonologischen Literatur. Mit 25 Ausgaben reichten sie an die Verbreitung des Hexenhammers heran, der zwischen 1576 und 1669 noch sechzehnmal nachgedruckt wurde und insgesamt 29 Auflagen erlebte, doch dürfte der Hexenhammer für Buchkäufer eher von historischem Interesse gewesen sein, während Delrios Abhandlungen wegen ihrer Systematik noch bis 1755 in Zentren des Buchdrucks wie Köln, Lyon oder Venedig nachgedruckt wurden. Zusammen mit Binsfeld war es vor allem Delrio, der in der zeitgenössischen Diskussion als Autorität für die Ansicht herangezogen wurde, daß in Hexenprozessen nach Ausnahmerecht verfahren werden dürfe. Delrio war weder Inquisitor noch Richter, besaß aber als ehemaliger Vizekanzler von Brabant (1578–1580) politische Erfahrung und beförderte durch Gutachten die Verfolgungen in katholischen Ländern. Hier sah er den Gegner in der Partei der *Politiker,* welche die eifrigen Katholiken in ihrer religiösen Erneuerung der Gesellschaft behinderten.

Während die westeuropäischen Länder um 1600 unter dem Einfluß des Calvinismus oder der von Delrio perhorreszierten Politiker die Verfolgungen beendeten (Vgl. Kap. IV), stieg ihre Intensität in Zentraleuropa noch weiter an. Ansätze zu Massenverfolgungen zeigten sich im krisengeschüttelten ersten Drittel des 17. Jahrhunderts in mehreren Wellen: um 1600, um 1608, um 1612 und 1616–1618. Der *Discours des Sorciers* (Lyon 1602) des Parlamentsrats Henry Boguet (1550–1619) berichtet über seine Verfolgungen in der Franche Comté; das *Compendium Maleficarum* (Mailand 1608) des Ambrosianermönchs Francesco Maria Guazzo nahm Verfolgungen in den italienischen Alpentälern zum Anlaß des Berichts. Der Parlamentsrat von Bordeaux Pierre de Lancre (ca. 1555–ca. 1630) reflektiert mit seinem *Tableau de l'Inconstance des mauvais Anges et Démons* (Paris 1612) die Hexenverfolgungen im Labourd, dem französischen Baskenland. Im Hintergrund jeder Dämonologie stand eine große Verfolgung, doch gab es durchaus auch Verfolgungen, die keinen Historiographen fanden und nur aus den Akten oder seriellen Quellen rekonstruiert werden können.

Die Klimax der Verfolgungsperiode fand in den Jahren 1626–1630 statt, als in Mitteleuropa ein Verfolgungsfieber ausbrach, das alles frühere in den Schatten stellte. Die Wirren des Dreißigjährigen Krieges bildeten den Hintergrund für das ungelöste Problem der Knappheitskrisen, die durch lange kalte Winter, späte Frühjahre und feuchte Sommer ausgelöst wurden. Dazu kam ein in der europäischen Agrargeschichte einmaliges meteorologisches Ereignis. Das Tagebuch des Friedrich Rüttel in Stuttgart meldet für den 24. Mai 1626 Hagel von mehr als einem Meter Höhe, für den 26. Mai schneidend kalten Nordwind, für den 27. Mai so starken Frost, daß das Wasser einfror und nicht nur Wein, Roggen und Gerste, sondern sogar das Laub an den Bäumen schwarz wurde. Die polaren Frostnächte im fortgeschrittenen Frühjahr riefen blankes Entsetzen hervor. Chroniken wie die der Familie Langhans im unterfränkischen Zeil (Hochstift Bamberg) stellen den Konnex zum Beginn der Hexenverfolgungen her: „Anno 1626 den 27. May ist der Weinwachs im Frankenland im Stift Bamberg und Würtzburg aller erfroren, wie auch das liebe Korn, das allbereit verblüett. Im Deichlein und in der Aue, in der Altach wie auch ander Orten zu und umb Zeil, [ist] alles erfroren, das bei Manns Gedenken nit beschehen und ein große Theuerung verursacht ... Hierauf ein großes Flehen und bitten unter dem gemeinen Pöffel, warumb man so lang zusehe, das allbereit die Zauberer und Unholden die Früchten sogar verderben, wie dan ir fürstliche Gnaden nichts weniger verursacht solches Übel abzustrafen, hat also seinen Anfang dis Jars erreicht ...". Publikationen wie der *Thewrungs Spiegel* eines Würzburger Geistlichen im folgenden Jahr beschäftigten sich mit der Frage, ob Hexen für Frost, Hagel und Preissteigerungen verantwortlich gemacht werden konnten.

Denn es blieb nicht bei einer Anomalie. Das Jahr 1628 wird von Klimahistorikern als „Jahr ohne Sommer" bezeichnet. Eine 1629 veröffentlichte *Neue Zeitung von sechshundert Hexen, Zauberern und Teufelsbannern, welche der Bischof von Bamberg hat verbrennen lassen* stellt ebenfalls einen direkten Zusammenhang zwischen Klimakatastrophe, Mißernte und Hexenverfolgung her. Dieser entsetzlichen Verfolgung fiel der langjährige Hochstiftskanzler Dr. Georg Haan (1568–1628) samt Familie zum Opfer. Die Bamberger Verfolgungen wurden noch durch die im Hochstift Würzburg übertroffen, wo in den Jahren 1626–1630 etwa 900 Menschen verbrannt wurden, darunter viele Adelige und hohe Geistliche. *Es wird Wirtzbürgisch Werck werden*, zitiert der Kurkölner Hexenkommissar Heinrich Schultheis (ca. 1580–1646) einen Stadtrat, und dies war im Hinblick auf die Verfolgungen in den Territorien des Kölner Kurfürsten Ferdinand von Bayern (1577–1650) nicht übertrieben. Mit 2000 Hexenverbrennungen im Erzstift und dem Herzogtum Westfalen gilt er als Verantwortlicher für die entsetzlichste Hexenjustiz im deutschsprachigen Raum. Gerhard Schormann hat argumentiert, Ferdinand habe für seinen *Krieg gegen die Hexen* „ein zentral gesteuertes Exstirpationsprogramm" gehabt. Diese Deutung entspricht dem Bedürfnis nach einer Erklärung des Unbegreiflichen, doch ist ihr von Thomas Becker und Walter Rummel widersprochen worden. Auf der Grundlage serieller Quellen führen sie den Beweis, daß die Verfolgungen erst Jahrzehnte nach dem Regierungsantritt (Koadjutor seit 1594) ausbrachen, als im Zusammenhang mit der Agrarkrise von 1626 die Inhaber der Gerichtsherrschaften von der Bevölkerung massiv unter Druck gesetzt wurden.

Zu den politisch Verantwortlichen für die größten Verfolgungen gehörten die vornehmsten Fürsten des Reiches, die drei geistlichen Kurfürsten, angeführt von dem Kurfürsten/Erzbischof von Mainz, als Reichserzkanzler Inhaber des obersten Reichsamtes nach dem Kaiser. Neben den Kurfürsten und Erzbischöfen von Köln und Trier finden wir auf der Täterliste die fränkischen Bischöfe und Fürsten der fränkischen Hochstifte Würzburg, Bamberg und Eichstätt, die Bischöfe von Augsburg und von Straßburg, von Minden und Osnabrück, den Fürstabt von Fulda und den Bischof von Breslau. Wohl gab es auch geistliche Territorien mit wenig Hexenhinrichtungen, doch waren diese insgesamt besonders betroffen. Dafür kann man strukturelle Gründe anführen wie das Fehlen großer Städte, die defizitäre Staatlichkeit, die hohe Selbständigkeit von Domkapitel, Rittern und Bauerngemeinden, wobei der politische Partikularismus in krassem Widerspruch stand zu dem hohen ideologischen Anspruch im Zeitalter der Gegenreformation.

Die großen Verfolgungen korrespondierten nicht zufällig mit den entsprechenden Persönlichkeiten auf den Bischofsstühlen. Im Falle Johann Christophs von Westerstetten (1565–1637) summieren sich die etwa 300 Opfer aus seiner Zeit als Fürstpropst von Ellwangen (reg. 1603–1613) zu denen seiner Eichstätter Zeit (reg. 1612–1637), wobei an beiden Orten die Verfolgungszeit mit seiner Regierungszeit identisch war. Man muß es im Zusammenhang mit der Entwicklung bestimmter Persönlichkeitsstrukturen sehen, wenn die erste Generation von Bischöfen, die im Geist fanatischer Härte gegen sich selbst und andere erzogen worden war, zu Radikallösungen neigte. Grundlage dieser Verhärtung war eine *Verdüsterung des Weltbildes,* die gelegentlich Anzeichen einer chiliastischen Endzeitstimmung trägt und damit das subjektive Bewußtsein einer Ausnahmesituation, die Ausnahmemaßnahmen erlaubte. Götz von Pölnitz hat mit Gespür für psychologische Feinheiten in seiner Biographie des Würzburger Reformbischofs Julius Echter von Mespelbrunn (1545–1617, reg. 1573–1617) geschrieben: „Die ganze Generation ... beherrschte ein Kampfgeist äußerster Härte, der sich zum Teil gegen die Glaubensgegner, zum Teil auch gegen Schädlinge im eigenen Lager, am schärfsten aber gegen das eigene Ich und alles, was man an ihm als sündig empfand, richtete". Der Fundamentalismus mag durch die konfessionelle Konfrontation gestärkt worden sein. Es ist wohl kein Zufall, daß die größten Hexenverfolger in Deutschland dem Sonderbund der *Katholischen Liga* angehörten. Deren Neigung zur gewaltsamen Problemlösung, die im Falle der Hexen die Anwendung eines Ausnahmerechts (processus extraordinarius) für ein Sonderverbrechen (crimen exceptum) bedeutete, kulminierte im Vorfeld des Restitutionsedikts.

Wie der Blick auf die Mittelmeerländer oder Irland lehrt, war dies keine offizielle Politik der katholischen Kirche. Papst Urban VIII. (1568–1644, amt. 1623–1644) blickte mit Verachtung auf die *Zelanten* in Deutschland. Der Jesuit Friedrich Spee (1591–1635) begriff die Hexenverfolgungen als „die unselige Folge des frommen Eifers Deutschlands".

Tabelle 1: Die größten Hexenverfolger in Deutschland

| Opfer | Staat | Fürstbischof | Regierungszeit |
|---|---|---|---|
| 2000 | Kurköln | Ferdinand von Bayern | (1612–1637) |
| 900 | Würzburg | Philipp Adolf von Ehrenberg | (1623–1631) |
| 768 | Kurmainz | Georg Friedrich Greiffenklau | (1626–1629) |
| 700 | Ellwangen/ Eichstätt | Johann Christoph Westerstetten | (1612–1636) |
| 650 | Kurmainz | Johann Adam von Bicken | (1601–1604) |
| 600 | Bamberg | Johann Georg II. Fuchs | (1623–1633) |
| 361 | Kurmainz | Johann Schweikhard | (1604–1626) |
| 350 | Kurtrier | Johann VII. von Schönenberg | (1581–1599) |
| 300 | Würzburg | Julius Echter von Mespelbrunn | (1573–1622) |

Angesichts der ideologisch verblendeten *Hexenbischöfe*, ein zeitgenössischer Begriff, der auf Johann Georg II. Fuchs von Dornheim Anwendung fand, verdient das Verhalten Bayerns als Vormacht der Gegenreformation besondere Aufmerksamkeit. Mit dem mit der Lothringer-Prinzessin Renata (1544–1602) verheirateten Herzog Wilhelm V. (1550–1622, reg. 1579–1597) war hier in den 1580er Jahren die Aktionspartei an die Macht gelangt und prompt wurden 1590 Hexenverfolgungen durchgeführt, gerechtfertigt von so berühmten Theologen wie Gregor von Valencia (1551–1603) und Jacob Gretser (1562–1625). Die erste Verfolgung blieb die größte, weil einflußreiche Politiker Einhalt geboten. Obwohl der mit Elisabeth von Lothringen-Vaudémont (1574–1635), Tochter Herzog Karls II., verheiratete Bayernherzog Maximilian I. (1573–1651, reg. 1598–1651) an der Spitze der Katholischen Liga stand, verhinderten die *Politiker,* wie sie auch hier von den innenpolitischen Gegnern genannt wurden, in harten Auseinandersetzungen mit den Eiferern nicht nur weitere Verfolgungen, sondern gewannen mit Adam Tanner (1572–1632) einen jesuitischen Moraltheologen, der sich ihrem Rechtsstandpunkt anschloß. Der Geheime Rat wurde zu einem Bollwerk der Verfolgungsgegner, das auch unter dem Eindruck der großen Verfolgungswelle der Jahre 1626–1630 nicht nachgab.

Die Beurteilung der bayrischen Außenpolitik hat vor einigen Jahren zu einer Debatte zwischen Konrad Repgen und

Robert Bireley SJ geführt, der eine bestimmte Gruppe bayerischer Räte, die für die unbedingte Durchführung des Restitutionsediktes eingetreten waren, als „Extremisten" bezeichnet hat. Repgen verwahrte sich dagegen mit dem Argument, derartige Begriffe beruhten auf liberalen „Mißverständnissen", denn die angeblich „Moderaten" hätten dieselbe Politik mit denselben Argumenten mitgetragen. In einer Periode des Glaubenszwanges und des unfreien Wortes waren Argumente oft formelhaft. Beide Parteien argumentierten mit der *Ehre Gottes*, der Reinheit des Glaubens und dem Willen zum Frieden. Es macht aber einen Unterschied, ob der Friede vorzeitig durch Verhandlungen oder erst nach der Tötung aller Gegner eintreten sollte. Besonders deutlich wird dies in der Hexenfrage mit den innenpolitischen Optionen, entweder gemäß dem Gleichnis *Vom Unkraut unter dem Weizen* zum Schutz Unschuldiger auf Hexenjagden zu verzichten, oder das Übel um jeden Preis mit der Wurzel auszurotten. Es ist kein Anachronismus, den Gegensatz von radikalen Ausrottungsphantasien auf der einen Seite, Güterabwägung zum Wohl der Untertanen und des Landes auf der anderen zu sehen, denn diesen Gegensatz sahen auch die Zeitgenossen. Der Analyse der Hofratsprotokolle zufolge blieben die Fronten der Parteien in allen Streitfragen stabil.

Das Beispiel Bayern, mehr noch das des katholischen Südeuropas und Irlands zeigt, daß die alte Frage der konfessionellen Verteilung der Hexenverfolgungen trotz der Rolle Lothringens, der spanischen Niederlande und der geistlichen Territorien nicht eindeutig zuungunsten des Katholizismus beantwortet werden kann, selbst wenn man die von der Regierung im elsässischen Ensisheim aus regierten vorderösterreichischen Territorien im Elsaß und im Breisgau, in den Landvogteien Hagenau und Ortenau, wo zusammen an die tausend Menschen wegen Hexerei hingerichtet worden sind, noch hinzurechnet. Diese Gebiete standen nicht unter einer zentralen Kontrolle, vielmehr hatten die Habsburger die Gerichtshoheiten aus finanziellen Gründen an Dutzende von Adeligen, Prälaten und Städten verpfändet. Allein in der Kleinstadt Thann im Elsaß wurden 140 Menschen als Hexen verbrannt, das

1622 eingeweihte Kapuzinerkloster wurde teilweise aus den konfiszierten Nachlässen der Hingerichteten erbaut. Obwohl unter österreichischer Oberherrschaft, gehörte dieser deutsch-französische Grenzraum damit zu den zersplittertsten Gebieten in Europa.

Macht man die Gegenprobe im protestantischen Europa, so erkennt man ähnliche Konstellationen. Auf der einen Seite die Kurpfalz, England und Holland mit wenigen Hexenhinrichtungen, auf der anderen Seite das calvinistische Pays de Vaud mit einer endemischen Verfolgung von lothringischen Ausmaßen. Das Pendant zu den katholischen Hochstiften bilden auf calvinistischer Seite die Grafschaften mittlerer Größe. Die von Gerhard Schormann angeführten 400 Hexenhinrichtungen in den Nassauischen Grafschaften, 400 in der Grafschaft Büdingen, über 300 in der Grafschaft Schaumburg, etwa 300 in der Grafschaft Lippe, über 250 in der seit 1604 calvinistischen Landgrafschaft Hessen-Kassel sprechen eine deutliche Sprache. Ungeklärt erscheint noch die Position der lutherischen Kleinterritorien, doch gibt es Anzeichen dafür, daß Mecklenburg das lutherische Lothringen sein könnte und auch im politisch zersplitterten Thüringen und in Vorpommern mehreren hundert Hinrichtungen vollzogen wurden, während sich die mächtigeren Territorien Kursachsen und Württemberg sowie der skandinavische Norden vergleichsweise zurückhielten.

Starke weltliche Regierungen neigten dazu, Hexenverfolgungen zu verhindern. Dies galt für die weltlichen Kurfürstentümer Kurpfalz, Kursachsen, Kurbrandenburg und Böhmen, aber auch für Bayern und Österreich, also den ganzen Osten des Reiches. Interessant ist sicher der Fall des Kaisers Rudolf II. (1552–1612, reg. 1576–1612). Obwohl dieser wegen seiner fortschreitenden Melancholie oder Geisteskrankheit für verhext gehalten wurde, löste seine Krankheit im stabilen Zentrum der Macht keine Hexenverfolgung aus. Pogromlustige Bauern hatten aber nicht nur hier keine Chance, sondern auch in den kosmopolitischen Reichsstädten Nürnberg oder Frankfurt. Überhaupt kann man feststellen, daß die großen europäischen Städte keine Neigung zu Hexenverfolgungen zeigten. Amsterdam oder London, Paris oder Neapel, Mailand oder Madrid, Wien oder Rom, Stockholm oder Prag erlebten – unabhängig von ihrer Konfession – wohl Zaubereiprozesse mit einzelnen Hinrichtungen, aber keine Hexenverfolgungen. In solchen Metropolen ansässige Regierungen behandelten Hexereiklagen restriktiv. Alfred Soman hat nachgewiesen, daß das Parlement de Paris, der oberste Gerichtshof über einen Großteil Frankreichs, nur wenig über hundert Hexenhinrichtungen unbeanstandet passieren ließ (Vgl. Kap. IV). Schon aus Gründen der Staatsräson konnte man in größeren Territorien mit einem System von *checks and balances* keine Verfolgungen zulassen. Vielleicht ließ auch die reale Machtkonzentration die Furcht vor Zauberei schrumpfen.

Instruktiv ist der Konflikt zwischen der Tiroler Regierung in Innsbruck und der Talschaft Prättigau, deren Gemeinden die Obrigkeit immer wieder zu Hexenverfolgungen aufgefordert hatten. Innsbruck unterdrückte solche Pogrombewegungen unnachsichtig. In den Jahren 1649 bis 1652 konnte sich die Talschaft von Österreich freikaufen und dem Schweizer Kanton Graubünden anschließen. Sofort brach in den sich selbst überlassenen drei Hochgerichten der Talschaft unter selbstgewählten Richtern eine Epoche wilder Hexenverfolgungen an, die als *Groos Häxatöödi* in die Landesgeschichte eingegangen ist. Bei den Hexenjagden zwischen 1652 und 1660 spielten Römisches Recht oder theologische Überlegungen keine Rolle. Sie fanden auf Drängen der Bauerngemeinden statt, *damit das Böse ausgerottet werde*. Mit über hundert Personen wurden in kurzer Zeit mehr Hexen hingerichtet als in dem sehr viel größeren Land Vorarlberg. Als Vorbild konnten zu diesem Zeitpunkt die Verfolgung des benachbarten Reichsgrafen Ferdinand Carl Franz von Hohenems dienen, der in seiner Grafschaft Vaduz zwischen 1648–1651 und 1677–1680 etwa 300 Menschen als Hexen verbrennen ließ. Bei nur 3000 Einwohnern waren dies 10% der Bevölkerung, eine Verfolgungsintensität, die weder in Lothringen noch in Kurköln erreicht wurde. Im Unterschied zu den Richtern im Prättigau hatte der Graf einen Herren über sich. Kaiser Leopold I. setzte ihn wegen seiner skandalösen Verfolgungen ab und ließ ihn den Rest seines Lebens unter Arrest halten. Mit seinen Ländern wurden die Fürsten Liechtenstein belehnt.

Tabelle 2: Die größten Hexenverfolgungen in Europa

| Opfer | Staat | Konfession | Zeitraum | Lage |
|---|---|---|---|---|
| 2700 | Lothringen | katholisch | 1580–1620 | F |
| 2000 | Kurköln | katholisch | 1626–1635 | D |
| 2000 | Kurmainz | katholisch | 1590–1630 | D |
| 1200 | Würzburg | katholisch | 1616–1630 | D |
| 1000 | Bern | calvinistisch | 1580–1620 | Ch |
| 1000? | Mecklenburg | lutherisch | 1570–1630 | D |
| 1000? | Schottland | calvinistisch | 1560–1670 | UK |
| 907 | Vorderösterreich | katholisch | 1560–1650 | F/D |
| 600 | Ungarn | katholisch | 1710–1750 | U |
| 900 | Bamberg | katholisch | 1616–1630 | D |
| 450 | Ellwangen | katholisch | 1588–1627 | D |
| 400 | Grafschaft Nassau | calvinistisch | 1590–1660 | D |
| 387 | Mergentheim | katholisch | 1590–1665 | D |
| 361 | Kurmainz | katholisch | 1601–1604 | D |
| 358 | Luxemburg | katholisch | 1580–1630 | Lux |
| 350 | Kurtrier | katholisch | 1581–1595 | D |

Theodore K. Rabb hat die turbulenten Jahre um 1600 unter dem Aspekt eines *Struggle for Stability* gesehen. Dies hat einiges für sich, denn mit der seit 1630 spürbaren Ernüchterung gegenüber ideologisch bedingten Hexenverfolgungen und Religionskriegen, der Stabilisierung des europäischen Staatensystems, der Ökonomie und der Ernährung, dem Ende der großen Epidemien, dem Verschwinden von Lepra und Pest in der zweiten Hälfte des 17. Jahrhunderts, nahmen Hexenprozesse eine veränderte Stellung ein. Mit der Professionalisierung und Säkularisierung der Eliten wurden größere Hexenverfolgungen zum unerwünschten Störfaktor, zum Skandal. Nur in rückständigen Gebieten Osteuropas, in Polen, Böhmen und Ungarn, aber auch in Süddeutschland, Österreich, der Schweiz und vereinzelt in Italien wurden nach 1700 noch Hexen hingerichtet. Dabei machte sich eine interessante Entwicklung bemerkbar: eine starke Abnahme der klassischen Hexen, der alten alleinstehenden armen Frauen. Bei dem berüchtigten Zauberer-Jackl-Prozeß im Erzstift Salzburg waren 80% der Prozeßopfer junge Männer. Sucht man nach Gründen für die Zunahme der Männer und der jüngeren Altersgruppen unter den Opfern, so stößt man auf die Tatsache, daß im Alpenraum, worauf sich die Hexenverfolgungen allmählich wieder konzentrierten, stets auch Männer verdächtigt worden waren. Weiter, daß die Polemik gegen Hexenverfolgungen stets den Schutz der Frauen in den Vordergrund gestellt hatte. Als Problemgruppen blieben am Ende jene Delinquenten übrig, deren Eigenschaften/Charakteristiken im Zeugenstand auch heutige Juristen zur Verzweiflung treiben können: labile, seelisch gestörte Personen und Kinder, denen Geständnisse nicht abgepreßt werden mußten, sondern die von sich aus tolle Phantasien über Verwandte oder Nachbarn äußerten.

*Besessenheit* gehört zu den Krankheitsbildern, mit denen die Moderne wenig anfangen kann und die als psychische Defekte interpretiert werden. In schamanistischen Kulturen gilt das Einfahren eines Geistes als wesentliches Zeichen für die Erwähltheit des religiösen Spezialisten und kann durch bestimmte Techniken (Meditation, Tanz, Drogen, Ernährung, Schmerz, etc.) herbeigeführt werden. In den afrokaribischen Religionen wird Besessenheit zur Kontaktaufnahme mit den Geistern (*spirits*) durch ein Medium induziert. Das traditionelle Europa führte Besessenheit wie afrikanische und indianische Gesellschaften häufig auf Verhexung zurück. In der christlichen Kultur wird der eingefahrene Geist als Teufel interpretiert, und die Frage nach dem Urheber der Besessenheit gehörte zu den Standardfragen beim Exorzismus. Neben individuellen Besessenheitsfällen traten Fälle von kollektiver Besessenheit auf, wobei Nonnenkonvente, Priesterseminare, Internate (Alumnate) und Altersheime (Hospitäler) unter geistlicher Führung eine besondere Gruppendynamik entwickelten. Fälle wie die der Ursulinen von Loudon regen bis heute die Phantasie von Roman- und Drehbuchautoren an.

Als 1629 in Aschaffenburg ein *Newer Tractat von der verführten Kinder Zauberey* gedruckt wurde, hatte sich die Anfälligkeit von Kindern für das Hexenwesen bereits als Topos tief in die dämonologische Literatur gegraben. Bereits der Hexenhammer war davon ausgegangen, daß die Töchter von Hexen wieder Hexen seien, doch während der großen Verfolgungen des ausgehenden 16. Jahrhunderts zeigte sich, daß alle möglichen Kinder an der Generierung von Hexereiverdächtigungen beteiligt sein konnten. Als nach Beendigung der großen Verfolgungen bei den Erwachsenen Ernüchterung einkehrte, stellte sich heraus, daß die Phantasie von Kindern nicht zum Stillstand zu bringen war. In manchen Fällen ventilierten sie Hexereiverdächtigungen mit einer Hartnäckigkeit, daß die Obrigkeiten tätig werden mußten. Wie heute in Fällen von Kindesmißbrauch gestaltete sich die Bewertung der kindlichen Zeugenaussagen schwierig. Zwar brauchten Selbstbezichtigungen bei Minderjährigen (unter 14) nicht berücksichtigt zu werden, doch wie stand es mit der Bezichtigung der angeblichen Verführer? Die Ansicht, Kinderhexenprozesse seien Folgen von Kindsmißbrauch, könnte in einzelnen Fällen zutreffen, bei der großen Masse der Verfahren ist dies aber nicht der Fall. Ein Großteil der späten Hexenprozesse wurde tatsächlich durch Kinder ausgelöst. Dieser Umstand könnte dazu beigetragen haben, daß das Zeitalter der Aufklärung der Pädagogik so große Aufmerksamkeit schenkte.

Die legalen Hexenverfolgungen im Bannkreis der europäischen Kultur lassen sich inklusive der Kolonien zeitlich und räumlich eingrenzen. Ausnahmen blieben legale Hexenhinrichtungen in den riesigen europäischen Kolonien: auf den spanischen Philippinen, in den spanischen Vizekönigreichen Perú und Mexiko, auf den Mittelmeerinseln und in Nordafrika. Im kolonialen Mexiko konnten zwanzig Verbrennungen nachgewiesen werden, unter den anderen Tribunalen Lateinamerikas keine. Selbst die Anzahl der verhandelten magischen Delikte blieb vor den Inquisitionstribunalen in Lima mit 119, in Mexico City mit 144, und in Cartagena de Indias im heutigen Kolumbien mit 188 vergleichsweise gering. Dort wäre 1633 beinahe eine Frau wegen Hexerei verurteilt worden, doch der oberste Rat der Inquisition in Madrid untersagte dies. Eine zwischen 1621–1641 bestehende Hexenpanik unter der schwarzen Bevölkerung wurde unterdrückt. Kaum anders war die Situation im portugiesischen Brasilien, von wo immerhin 33 Verdächtige zur Aburteilung nach Lissabon transportiert wurden, in Neufrankreich (Kanada), wo eine Person hingerichtet worden ist, und in den niederländischen Kolonien.

Am meisten Hexenhinrichtungen sahen die Neuenglandstaaten (spätere USA), und auch hier waren es nicht mehr als vierzig, davon die Hälfte bei den Salem Witch Trials in Massachussetts. Erik Midelfort hat darauf hingewiesen, daß das Fehlen von Hexenverfolgungen trotz intensiven Hexenglaubens mit der Situation dieser Länder zu tun hatte. Wenn es in den Kolonien überhaupt zu Hexereianklagen kam, dann nur zwischen Kolonisten, kaum je gegenüber den indigenen Völkern, obwohl diese als Heiden doch per definitionem Verehrer des Teufels und Zauberer waren. Abgesehen von dem 1540 verbrannten Kaziken Chichimecatecuhtli von Texcoco waren nicht einmal Medizinmänner satisfaktionsfähig. Es ist interessant zu sehen, daß nur die Angehörigen der eigenen Kultur gefährlich erschienen. Diese Beobachtung eröffnet eine Perspektive auf die Tatsache, daß es in den Ländern unter der Herrschaft des Osmanischen Reiches (Bulgarien, Rumänien, Griechenland, Serbien, Albanien) oder den fremdbeherrschten Ländern Irland, Island oder Lappland so wenig Hexenprozesse gab. Auch ihre Bewohner wurden „wie Untermenschen und Naturvölker" behandelt.

Erheblich unfreundlicher als in den Kolonien nimmt sich der Überblick über die Hexenhinrichtungen in Europa selbst aus, wo viele tausend Menschen den Verfolgungen zum Opfer fielen. Wie fragil auch immer die Grundlage solcher Berechnungen sind, rechtfertigt sich der Versuch doch durch das überraschend eindeutige Ergebnis, daß einem Zentrum der Hexenverfolgungen in Mitteleuropa eine Peripherie mit sehr viel weniger Hexenhinrichtungen gegenüberstand. Der Widerwille der berüchtigten Spanischen Inquisition gegen Hexenverbrennungen wurde schon erwähnt. Noch weniger Hinrichtungen gab es in den Küstenländern Irland und Portugal. Die Inquisitionsbehörde in Evora behandelte in etwa 300 Jahren 11 743 Fälle, davon 291 (= 2,5%) wegen magischer Delikte (Aberglauben, Wahrsagerei, Zauberei, Hexerei). Diese führten zu einer einzigen Hexenhinrichtung im Jahr 1626. Von den Inquisitionsbehörden in Coímbra und Lissabon, denen die portugiesischen Besitzungen in Afrika, den atlantischen Inseln und Brasilien unterstanden, sind keine Todesurteile wegen Hexerei bekannt. Dem standen sechs Hexenhinrichtungen vor weltlichen Gerichten gegenüber. In den katholischen Ländern Irland oder Portugal waren demnach die Hinrichtungszahlen in Bezug zur Größe der Bevölkerung weit niedriger als in England, den Niederlanden oder sogar den englischen Kolonien, wo bei einer Kolonialbevölkerung von 100 000 Personen immerhin 40 Todesurteile gefällt worden sind (= 0,04%). Das alte Vorurteil über eine generelle Relation von Verfolgung und Konfession erweist sich als insgesamt unhaltbar.

In einem etwas anachronistischen Verfahren auf die heute existierenden Länder verteilt und zu Vergleichszwecken die mutmaßlichen Bevölkerungszahlen des Jahres 1600 hinzugefügt, bekommt man auf der Grundlage der gegenwärtigen Forschungsergebnisse folgendes Bild der legalen Hexenverfolgungen in Europa:

Tabelle 3: Intensität der Hexenverfolgungen in Europa

| Land | Hinrichtungen | Einwohnerzahl |
|---|---|---|
| Irland | 2 | 1 000 000 |
| Portugal | 7 | 1 000 000 |
| Island | 22 | 50 000 |
| Estland/Livland | 65 | |
| Rußland | 99 | 15 000 000 |
| Slowenien | 100 | |
| Finnland | 115 | 350 000 |
| Niederlande | 200 | 1 500 000 |
| Schweden | 300 | 800 000 |
| Spanien | 300 | 8 100 000 |
| Liechtenstein | 300 | 3 000 |
| Norwegen | 350 | 400 000 |

| Land | Hinrichtungen | Einwohnerzahl |
|---|---|---|
| Belgien/Luxemburg | 500 | 1 300 000 |
| Ungarn | 800 | 3 000 000 |
| Tschechien/Slowakei | 1 000? | 2 000 000 |
| Österreich | 1 000? | 2 000 000 |
| Dänemark | 1 000? | 570 000 |
| Italien | 1 000? | 13 100 000 |
| Britannien | 1 500 | 6 500 000 |
| Frankreich | 4 000? | 20 000 000 |
| Schweiz | 4 000 | 1 000 000 |
| Polen/Litauen | 10 000? | 3 400 000 |
| Deutschland | 25 000 | 16 000 000 |

„Deutschland, so vieler Hexen Mutter", hatte Friedrich Spee 1631 geschrieben, und diese Zeitdiagnose bestätigt sich in der retrospektiven Statistik: Die Hälfte der Hexenverbrennungen entfällt auf die Länder auf dem Boden des heutigen Deutschland. Freilich gab es Deutschland als Nationalstaat noch nicht, sondern nur etwa dreitausend weitgehend unabhängige politische Gebilde unter dem Dach des Heiligen Römischen Reiches deutscher Nation, in denen etwa ein Fünftel der geschätzten 80 Millionen Einwohner Europas lebte. Die Überlieferung ist so dicht, daß keine größere Verfolgung unbekannt bleiben dürfte. Am Beispiel Frankreichs und Britanniens kann man sehen, wie sehr die großen Verfolgungen (Lothringen, Schottland) statistisch ins Gewicht fallen. Innerhalb aller Länder ist die Verfolgungsintensität ungleich verteilt, Zentren der Verfolgung lassen sich jeweils klar ausmachen. Lücken in den Quellen sind in der einschlägigen Literatur diskutiert. Der ausführliche Kommentar, den eine solche Zusammenstellung benötigte, kann hier nicht gegeben werden. Ein Beispiel: Hans Eyvind Naess hat in seinen Untersuchungen der Gerichtsprotokolle und -rechnungen von Norwegen 863 Hexenprozesse zutage gefördert, die zu 280 Hinrichtungen führten. Aufgrund einiger fehlender Jahrgänge hat er diese Zahl vorsichtig auf 350 hochgerechnet. Genauere Forschungen könnten in Irland vielleicht weitere Todesurteile zutage fördern, in Rußland mögen manche Prozesse lokaler Gerichte nicht überliefert worden sein. Zahlen für Serbien und Albanien fehlen ganz, Prozesse aus Kroatien und Rumänien sind in den ungarischen, aus Litauen, Weißrußland und der Ukraine in den Zahlen für Polen enthalten. Bei den mit Fragezeichen versehenen Ziffern handelt es sich um Schätzungen auf der Basis von Hochrechnungen, die vielleicht zu hoch sind, vielleicht im Falle Polens um mehr als das Doppelte. Die übrigen Zahlen bedeuten Untergrenzen, von denen nicht zu erwarten ist, daß sie dramatisch überschritten werden könnten. Die Zahl der geführten Prozesse, die mit anderen Urteilen (Kirchenbuße bis Verbannung) oder Freisprüchen endete, mag doppelt bis dreimal so groß gewesen sein. Angaben, die weit über solchen Zahlen liegen, entbehren jeglicher Grundlage. Die oft genannte Zahl von „neun Millionen Hexen", die auf eine methodisch fehlerhafte Hochrechnung des Quedlinburger Stadtsyndikus Gottfried Christian Voigt (1740–1791) zurückgeht, 1869 durch den Wiener Professor Gustav Roskoff (1814–1889) übernommen und durch die NS-Propaganda bekannt gemacht wurde, sollte nicht mehr verwendet werden.

Die Opfer der europäischen Hexenverfolgungen waren zu etwa 75%–80% weiblich, was dem geschlechtsbezogenen Hexenglauben in Mitteleuropa entsprach. Man könnte darüber spekulieren, wie die Geschlechtsverteilung ausgesehen hätte, wenn der Schwerpunkt der Verfolgungen nicht dort, sondern in Nordeuropa gelegen hätte, denn in Island waren 90%, in Estland 60% und in Finnland 50% der Verurteilten Männer. Auch im Alpenraum und im Amtsbereich des Parlement de Paris, welches Verfolgungen weitgehend unterdrückte, waren die ca. 1300 Appellationsfälle gleichmäßig auf die Geschlechter verteilt. Im für die Mehrzahl der Hexenverbrennungen verantwortlichen Mitteleuropa wurden dagegen bereits zur Zeit des Hexenhammers, dann erneut in der zweiten Hälfte des 16. Jahrhunderts, fast ausschließlich Frauen als Hexen verfolgt. Der Zusammenbruch des Hexenstereotyps während der großen Verfolgungen bewirkte seit 1590 in einigen Gebieten eine Veränderung. Gleichzeitig kann man beobachten, daß sich die soziale Zusammensetzung der Opfer veränderte. Zu den armen und oft alten Frauen aus dem bäuerlichen Milieu kamen reiche Bürgersfrauen und ihre Männer, bis es in den großen Hexenjagden an Main und Rhein auch die reichsten Bürger, Kleriker, Adelige und Mitglieder der Regierung traf. Vieles spricht dafür, daß von der Verfolgung betroffene Personen gezielt diese sozialen Gruppen, die politische Verantwortung trugen, in die Verfolgung hineinzogen, um diese zu beenden. In Bamberg oder Würzburg waren sie weit überproportional betroffen. Deshalb verdient es Beachtung, daß sich die Gegner der Verfolgung von Weyer bis Spee nicht auf die Rettung von Bürgermeistern, sondern auf die der Frauen konzentrierten, also das mitteleuropäische Hexenstereotyp im Kern angriffen.

Daß der Schwerpunkt der Hexenverfolgungen in Zentraleuropa lag, hat etwas mit der charakteristischen Ausprägung der ökologischen Krise des 16. und frühen 17. Jahrhunderts zu tun, jedoch auch mit Bevölkerungsdichte und Siedlungsstruktur, dem Zustand der Landwirtschaft und der Infrastruktur. Die von der Kleinen Eiszeit besonders betroffenen Gebiete Nord- und Osteuropas waren dünn besiedelt, in Island überwog Einzelhofsiedlung. Mit den Nachbarschaftskonflikten fehlten die sozialen Spannungen, auf denen Hexereiverdächtigungen gediehen. Für die Mittelmeerwelt oder die vom Golfstrom umspülten Küstenregionen war eine Abkühlung belanglos, nicht jedoch für das dicht besiedelte kontinentale Binneneuropa, wo Probleme der Infrastruktur dazukamen. Wilhelm Abels Untersuchung der Hungerkrise von 1570 hat gezeigt, daß die Preissteigerungen in Zentraleuropa weitaus höher waren als in west- oder südeuropäischen Städten. Es ist kein Zufall, daß Konjunkturen der Hexenverfolgung synchron mit den Kälteperioden der Kleinen Eiszeit verliefen. Späte Fröste, feuchte Sommer und heftige Hagelfronten schädigten die Ernten und gefährdeten damit die Subsistenz, die durch Mißernten einsetzenden Teuerungen erhöhten die sozialen Spannungen, denn während die unteren Gesellschaftsschichten in ihrer Existenz bedroht waren, profitierten Händler von der Not. Mangelernährung oder Hunger begünstigten den Ausbruch seltener oder epidemischer Krankheiten, für die ihrerseits Hexerei verantwortlich gemacht werden konnte. Wegen dieser sozialgeschichtlichen Grundkorrelation können die Konjunkturen der Hexenverfolgung sowohl mit den frühneuzeitlichen Preiskurven, als auch mit der Entwicklung der lokalen Bevölkerungsstatistiken in Zusammenhang gebracht werden. Hinzu kam eine langfristige Teuerung aufgrund eines Mißverhältnisses von Bevölkerungsentwicklung und Nahrungsmittelproduktion, die in den Jahren seit 1580 in eine entscheidende Phase trat, als sich endogene Strukturkrise und Klimaverschlechterung überlagerten. Diese Anspannung löste sich erst mit dem schlagartigen Bevölkerungsrückgang durch die großen Pestepidemien im dritten und vierten Jahrzehnt des 17. Jahrhunderts.

Die Psychologie des Hexenjägers ist ein weites und nur unsystematisch bearbeitetes Feld. Der Freud-Schüler und reformierte Theologe Oskar Pfister (1873-1956) hat in *Das Christentum und die Angst* am Beispiel Calvins gezeigt, wie die Botschaft des Neuen Testaments in ihr Gegenteil verkehrt wird, wenn zur Verteidigung von Dogmen, Riten oder Institutionen und einer pathologischen Angst um der „Ehre Gottes" willen Menschenleben geopfert werden. Die Beobachtung, daß viele Theologen sich Gott nicht als gütigen Vater, sondern als fundamentalistischen Dogmatiker vorstellten, der bei geringen Anlässen in wilden Zorn ausbrechen konnte, wurde schon von Zeitgenossen der Hexenverfolgungen gemacht, beispielsweise von Spee, welcher formulierte, der Gott der Hexenverfolger ähnele den Götzen der Heiden. Bereits den Zeitgenossen war klar, daß Hexenverfolgungen mit den Zeiten moralischer Offensiven oder dem Auftreten von Figuren zusammenfiel, die von dem amerikanischen Soziologen Howard S. Becker (1928-?) als „moralische Unternehmer" bezeichnet worden sind. In diesem Zusammenhang ist die Methode zur Erstellung von Persönlichkeitsprofilen interessant, wie sie von einer Gruppe von Soziologen um Max Horkheimer (1895-1973) entwickelt worden ist. Es mag zunächst wie eine Banalität klingen, daß die Charaktereigenschaften der *Autoritären Persönlichkeit* nicht nur auf die Wähler der

Nationalsozialisten zutrafen, sondern auch auf jene Juristen, Theologen und Fürsten, die sich in den Jahrzehnten um 1600 bei Hexenverfolgungen engagierten. An Plastizität gewinnt diese Beobachtung, wenn man damit die Persönlichkeitsmerkmale jener Personen vergleicht, die Hexenverfolgungen verhinderten. Die Relativierung der Schuld der Institutionen bedeutet zugleich die Betonung individueller Schuld, insbesondere wenn man sich vor Augen hält, daß Hexenjagden von zahlreichen Zeitgenossen verzweifelt bekämpft wurden.

Die Unterdrückung der Pogrombewegungen bedeutete – wie vor Beginn des Zeitalters der Hexenverfolgungen – stets ihr Abdrängen in die Illegalität. Im Bereich des Parlement de Paris sind in den Ardennen mindestens 71 Personen wegen Hexerei illegal hingerichtet worden, weil sich die Justiz dem populären Verfolgungsverlangen widersetzte. Die Frage nach dem quantitativen Verhältnis von legalen und illegalen Verfolgungen ist schwer zu beantworten, da unsere Quellen nur Aufschluß geben über kirchliche oder staatliche Verwaltungshandlungen, in denen Rädelsführer oder Anstifter zu Progrombewegungen zur Rechenschaft gezogen wurden. Um solch einen Anstifter handelte es sich vermutlich bei jenem Mann namens Gögler, der 1419 den Begriff Hexerei aktenkundig machte und in Luzern dafür bestraft wurde. Mehrere österreichische Regierungen griffen im 16. Jahrhundert hart gegen Anführer von Pogrombewegungen durch. Mehrfach wurden solche Aufhetzer hingerichtet, beispielsweise 1590 in Nürnberg. Dieselbe Problematik stellte sich oft unter der Kolonialherrschaft. Die Regierung von Deutsch-Ostafrika versuchte vor dem Ersten Weltkrieg, rigoros gegen *witch-doctors* durchzugreifen, wenn ihre Aktionen zur Tötung von Hexen geführt hatten. Da die Europäer nicht mehr an Hexerei glaubten und ihre Gesetzgebung mitbrachten, war die rituelle Tötung von Hexen plötzlich illegal. Traditionelle Abwehrmittel, wie Giftorakel, wurden verboten. Für die betroffenen Gesellschaften war dieser Schutz der Hexer unverständlich. In Ostafrika wurde fortan versucht, die von den Ältestenräten Verurteilten zum Selbstmord zu bewegen, oder es wurden Mordaufträge gegeben. Derartige Tötungen kommen auch heute noch in Gesellschaften vor, in denen diese Fälle nicht vor Gericht landen, etwa in den Indianerreservaten der USA. Von Ländern wie Papua-Neuguinea weiß man nur, daß sie regelmäßig dort stattfinden. Dasselbe gilt für Länder Südostasiens mit islamischem Hintergrund, wie Malaysia oder Indonesien. Anthropologen sehen sich einem Quellenproblem gegenüber, da ihre Informanten schweigsam werden, wenn sie über illegale Aktionen berichten sollen.

Seit etwa 1900, als eine Hungersnot zu einer Antihexereikampagne in Kenia führte, kam es im Süden des Kontinents in Abständen von etwa zehn Jahren immer wieder zu derartigen Bewegungen, die seit den Forschungen von Audrey Richards in Sambia (damals Nordrhodesien) in den 30er Jahren von den Ethnologen untersucht werden. Ihre These, sozialer Wandel sei eine Ursache für diese Reinigungsbewegungen, ist unter Einbezug der Tatsache, daß im traditionellen Afrika Hexen regelmäßig getötet wurden, modifiziert worden. Eher scheint es so zu sein, daß die Organisationsform der überregionalen Bewegung, die Elemente des Islam und des Christentums assimilierte, bei der junge externe *witch-doctors* die lokalen Ältestenräte in ihrer Verantwortung entlasteten, eine Antwort auf den Druck der kolonialen oder postkolonialen Justiz darstellte. Über die Zusammenhänge zwischen diesen Bewegungen, der Giriama-Bewegung in Kenia seit 1900, der Bumcapi-Bewegung in Sambia in den 30er Jahren, der Mpulumutsi-Bwanali-Bewegung in Malawi in den 40er Jahren, der Kamcape-Bewegung in Tanzania in den 60er Jahren, kann man nur Mutmaßungen anstellen. Das Ziel der Antihexereibewegungen ist nicht primär die Tötung der Hexen, sondern die Beendigung der Hexerei. Ihr Auftreten weist Gemeinsamkeiten mit spätmittelalterlichen Inquisitoren und Bußpredigern auf. Sie kündigen ihre Ankunft vorher an, was die Spannung in den betroffenen Dörfern steigert. Durch Ansprachen oder Predigten werden dann die Hexen aufgefordert, Buße zu tun, zu bekennen, ihre Zaubermittel abzuliefern und eine Strafe zu akzeptieren. Unter dem Druck der Gemeinden ergreifen Verdächtigte die Gelegenheit, sich von ihrer Schuld zu reinigen. Die abgelieferten Zaubermittel werden öffentlich verbrannt. Ob solche Bewegungen für den Anstieg von Tötungen von Hexen verantwortlich sind oder eher den Druck mindern, ist offenbar unbekannt.

Auffällig sind die Vorgänge in einigen Gesellschaften der Dritten Welt nach der Entkolonialisierung. Sie ähneln den Ereignissen in der graubündener Talschaft Prättigau nach ihrer Befreiung von österreichischer Vorherrschaft. Plötzlich vom Druck einer restriktiven Gerichtsherrschaft befreit, bricht sich das populäre Verlangen nach der Ausrottung der Hexen Bahn. Seit der Unabhängigkeit Indiens sollen allein an der Westküste mehrere tausend Menschen Hexenverfolgungen zum Opfer gefallen sein, darunter auch in Großstädten wie Bombay. Einem *witchcraze* in Belgisch-Kongo (Zaire) am Vorabend der Unabhängigkeit fielen 1958 etwa 250 Menschen zum Opfer. Welche Ausmaße diese Verfolgungen annehmen können zeigt das Beispiel Tansanias. Nach Angaben des Anthropologen Simeon Mesaki von der Universität Dar-es-Salaam sollen im Zeitraum von 1970 bis 1984 insgesamt 3333 Menschen als Hexen getötet worden sein, davon 69% Frauen. In dem suahelisprachigen Land mit dominanter islamischer Hochreligion war mit 2120 Fällen das traditionell lebende Bantuvolk der Sukuma (Regionen Mwanza und Shinyanga) besonders betroffen, von dem 1985 bis 1988 weitere 826 Morde an vermeintlichen Hexen gemeldet wurden. Nach Ansicht Mesakis war das *Witch-Killing in Sukumaland* Ergebnis der Zwangsverdorfung (*villagisation*) der sozialistischen Regierung von Julius Nyerere (1922–1999, reg. 1961–1985, Parteichef bis 1987), bei der eine halbnomadische Bevölkerung in Ujamaa-Dörfern seßhaft gemacht wurde. Der enorme Anstieg sozialer Spannungen bei gleichzeitiger Schwächung traditioneller Strukturen (Ahnenkult, Häuptlingstum) und steigenden ökologischen Problemen (Erschöpfung der Böden, Rückgang der Erträge) führte zu einem Rekurs auf traditionelle Vorstellungen. Da die Justiz den Morden tatenlos zusah, setzte die

Regierung 1988 eine Sonderkommission ein, die zur Bestrafung von Angehörigen der Exekutive und einiger Politiker führte, welche die Mordaktionen gedeckt hatten. Ray Abrahams (Cambridge) stellt einen direkten Zusammenhang zwischen der tansanischen Unabhängigkeitsbewegung und den mit der Unabhängigkeit beginnenden Hexenmorden her, insofern Propagandisten der späteren Staatspartei den Hexenglauben während des antikolonialen Kampfes zum Signum afrikanischer Identität gegenüber der Kolonialmacht erhoben hatten. Auffällig ist das Zusammentreffen der Hexenverfolgungen mit der Regierung des Präsidenten Nyerere, der als Verantwortlicher für Hexenmorde jeden alteuropäischen Regenten übertreffen würde.

Wie der Ethnologe R.G. Willis hervorhob, versprechen die Antihexereibewegungen ein *Instant Millenium*, den sofortigen Anbruch eines ewig währenden Friedensreiches ohne Leid und Unglück, eine heile Welt ohne Vertröstung auf die Zukunft oder das Jenseits. Auch hier liegt eine Gemeinsamkeit zu den mittelalterlichen Judenpogromen oder den Hexenverfolgungen in Europa, deren Verantwortliche im Lichte der neuesten Forschungen oft wie Getriebene erscheinen, die sich aus politischen Gründen an die Spitze einer populären Antihexereibewegung setzen, um ihre eigene Machtbasis zu erhalten. Die Abhängigkeit der europäischen Verfolgungen an die Stimmung in der Bevölkerung erklärt auch ihren Bezug zu den vormodernen Subsistenzkrisen.

Der Akzent, der in diesem Kapitel auf die sozialhistorischen Hintergründe gelegt wurde, soll weder bedeuten, daß Teuerungen oder Mißernten notwendigerweise zu Hexenhinrichtungen führten, noch daß es keine anderen Gründe für Hexenprozesse gegeben habe. Seßhaftigkeit und Siedlungsstruktur sind als wichtige Faktoren angesprochen worden. Beziehungen konnten immer schieflaufen, unnatürliche Krankheiten oder Schadensfälle unabhängig von den großen Konjunkturen auftreten und zu Interpretationen Anlaß geben. Lokale Hagelschläge, individuelle Erkrankungen, Besessenheit, Liebeszauber, Stadtbrände oder die Eskalation von Nachbarschaftskonflikten waren ebenso unabhängig von meteorologischen Gegebenheiten wie der Amtsantritt eines fanatischen oder profilierungssüchtigen Juristen oder Theologen. In kultureller Hinsicht haben wir es mit einer Interaktion zu tun. Die meisten Historiker stimmen darin überein, daß Hexenverfolgungen nur dort zustande kamen, wo sich das Interesse der politisch Verantwortlichen mit dem der Untertanen traf.

Abb. 3: Hexentanz, Gerichtsverhandlung und Verbrennung zweier Frauen im Schweizer Kanton Bern am 28. August 1568. Kolorierte Federzeichnung in der Sammlung des Johann Jacob Wicke (1522–1588).

# IV. Kampf gegen die Hexenverfolgungen

Angesichts der Tatsache, daß das im 15. Jahrhundert entwikkelte Hexenmuster in ganz Europa und seinen Kolonien stets verfügbar war, stellt sich die Frage, warum nicht wesentlich mehr als 50 000 Menschen in 350 Jahren als Hexen hingerichtet worden sind. Die Antwort liegt zweifellos darin, daß in der europäischen Gesellschaft stets eine erhebliche Skepsis gegenüber dem Hexenglauben und dem Fanatismus der Hexenverfolger bestanden hat. Die frühchristlichen Zweifel an der Wirksamkeit jeglicher Zauberei dämmten das Verlangen nach Verfolgungen wirksam ein und absorbierten andere Formen des Kampfes gegen Hexenverfolgungen. Erst die Autorisierung von Hexenverfolgungen durch das Papsttum im 15. Jahrhundert führte zur Entwicklung einer Kritik jenseits der traditionellen Bahnen. Daß damit Antiklerikalismus und antirömische Empfindungen verbunden wurden, überrascht angesichts damaliger Zeitströmungen kaum.

Das topische Argument, vor dem Auftauchen der päpstlichen Inquisitoren habe es keine Hexen gegeben, taucht zu Beginn des 16. Jahrhunderts in der gedruckten Literatur auf. Meinungsführer des Humanismus bezogen aktiv gegen den inquisitorischen Hexenglauben und die Hexenverfolgungen Stellung. Der Kampf italienischer Intellektueller gegen die Hexenverfolgungen, der in Alciatis Diktum von einer *nova holocausta* gipfelte, wurde bereits erwähnt. Im Norden zeichnete Erasmus von Rotterdam (1465–1536) in seinem *Lob der Narrheit* bis in habituelle Details das Porträt eines Inquisitors, der hinter allem, was er nicht versteht, den Teufel wittert, und sämtliche Widersprüche mit Hilfe des Scheiterhaufens erledigen will. In diesem Zusammenhang wird auf die Bibelstelle (Exodus 22,18) angespielt, mit der üblicherweise Hexenverfolgungen als göttlicher Auftrag gerechtfertigt wurden. In der Reichsstadt Metz kam es 1519 zur Konfrontation des dominikanischen Inquisitors Nikolaus Savini mit dem Stadtsyndikus Agrippa von Nettesheim (1486–1535), der die Verteidigung einer hexereiverdächtigen Frau zu jener prinzipiellen Anklage gegen den „blutgierigen Mönch" erweiterte, die er zunächst in Briefwechseln der Gelehrtenwelt und dann in *De vanitate scientarum* (cap. XCVI) einer europäischen Öffentlichkeit bekanntmachte. Solche Kritik von kaum zu überbietender Schärfe verdeutlicht, warum nördlich der Alpen die Tätigkeit der Inquisition in diesen Jahren für immer endete.

Der große Aufbruch der reformatorischen Bewegung hat dazu seinen Teil beigetragen. Mit der Spaltung der Kirche und der Entstehung der evangelischen Landeskirchen war einer päpstlichen Inquisition nördlich der Alpen der Boden entzogen. In den Augen von Luther, Zwingli und Calvin unterschieden sich weite Teile der katholischen Frömmigkeit und des katholischen Ritus kaum von der Zauberei der Bauern, häufig liest man in reformatorischen Pamphleten von „papistischer Zauberei". Der schlagartige Rückgang der Hexenhinrichtungen in den Jahren nach 1520 erklärt, warum das Hexenproblem nicht auf der Agenda der Reformation stand. Es wäre aber übertrieben, diesen Rückgang der Reformation zuzuschreiben. In Spanien war es gerade die institutionalisierte Inquisition, welche die Hexenverfolgungen zunächst unter ihre Kontrolle brachte und dann 1526 praktisch beendete. Der Oberste Rat (Suprema) der spanischen Inquisition schärfte allen Inquisitoren 1538 noch einmal ein, daß der Hexenhammer keine Autorität sei, der man Glauben schenken dürfe. Auch die Inquisitionsbehörden in Portugal und Italien waren an Hexenverbrennungen nicht interessiert. In der kaiserlichen Gesetzgebung spielte sie keine Rolle. Die Regierungszeit Kaiser Karls V. war in dieser Beziehung ein glückliches Zeitalter.

Mit dem überraschenden Wiedereinsetzen der Hexenverfolgungen seit 1560 lieferte der deutsch-niederländische Arzt Johann Weyer in seinem häufig nachgedruckten Standardwerk *De praestigiis daemonum* eine Fülle von theologischen, juristischen und medizinischen Argumenten, warum hexereiverdächtige Menschen auch dann nicht hingerichtet werden durften, wenn sie selbst von ihrer Schuld überzeugt waren. Diese Argumentation war wichtig, da es unbestreitbar Frauen gab, die sich selbst für Hexen hielten. Indem Weyer dies ihrer Melancholie zuschrieb, bereitete er jene psychologische Theorie der Unzurechnungsfähigkeit vor, welche in der europäischen Rechtsprechung später eine so große Rolle spielen sollte. Obwohl mit Jean Bodin einer der Geistesgrößen der Zeit gegen Weyer antrat, ging seine Saat in den 1580er Jahren auf, als die Verfolgungen international ihrem Höhepunkt zustrebten. Reginald Scot (1538-1599) wies in seinem Gefolge in dem höchst ironischen Buch *The Discoverie of Witchcraft* (London 1584) auf die Rolle der Sozialisation für den Hexenglauben hin. Ein Jahr später brachte der Philosoph und Parlamentsrat in Bordeaux Michel de Montaigne (1533-1592) seine berühmten Einwände gegen Bodins Fanatismus zu Papier. Getrieben von Mitleid für die Opfer und Wut auf die brutalen Verfolger erschien im selben Jahr mit den *Christlich Bedenken von Zauberey* des Heidelberger Professors Hermann Witekind (1524-1603) eine frontale Kritik der Verfolgungen, gepaart mit der originellen Idee, daß Menschen, die sich selber für Hexen hielten, nicht Strafe, sondern Liebe und Zuneigung benötigten, um ihre Geisteskrankheit überwinden zu können. Diese Form der Argumentation fand in dem *Gründlichen Bericht von Zauberey* des calvinistischen Pfarrers Anton Praetorius (ca. 1555-1625) eine Fortsetzung. Beide versuchten, die Unmöglichkeit des Hexereidelikts mit Hilfe der Logik, der Physik und der Naturgesetze nachzuweisen.

Etwa gleichzeitig bahnte sich eine konfessionelle Polarisierung an, deren Anfänge noch nicht ganz geklärt sind. Unter dem Einfluß des spanischen Theologen Gregor von Valencia SJ wurde in Bayern 1590 der Rekurs auf protestantische Verfolgungsgegner wie Weyer und Brenz verboten. In Trier mußte 1592 der katholische Theologe Cornelius Loos (1546-1595), der in seiner radikalen Schrift *De vera et falsa magia* die sarkastische These aufgestellt hatte, Hexenprozesse seien die Kunst, aus Blut Gold zu machen, im Beisein des Verfolgungsbefürworters Binsfeld abschwören, um sein Leben zu retten. Konnte schon bisher in der heiklen Hexenfrage selten offen argumentiert werden, so galt dies jetzt für Katholiken vermehrt. Katholische Verfolgungsgegner suchten nun nach neuen Methoden der Argumentation und fanden sie in der Kritik der grausamen und oft widerrechtlichen Prozesse. Die Argumentation, welche die Theorie des Ausnahmeverbrechens (*crimen exceptum*) einschränken wollte und auf der strikten Einhaltung des gültigen Strafprozeßrechts (*processus ordinarius*), der Carolina, beharrte, war seit den 1560er Jahren von dem Frankfurter Juristen Johann Fichard (1511–1581) weiterentwickelt und von dem Rostocker Juristen Johann Georg Goedelmann (1559–1611) öffentlich propagiert worden. Sein *Tractatus de magis, veneficis et lamiis, recte cognoscendis et puniendis* konnte bei scheinbarer Anerkennung des Hexenverbrechens Verfolgungen verhindern. Die Bedeutung, die Günter Jerouschek der Auseinandersetzung mit den Hexenprozessen für die Entwicklung des Indizienrechts beimißt, ist hier bereits erkennbar, und es ist bezeichnend, daß ein berühmter Zeitgenosse wie der Naturrechtslehrer Johannes Althusius (1557–1638) das Bemühen um Verrechtlichung durch ein Geleitwort unterstützte. Der Herausgeber einer deutschen Übersetzung, der Superintendent Georg Nigrinus (1530–1602) aus Hessen, brandmarkte bereits 1592 die Hexenverfolgungen als „papistische" Besonderheit. In der anonymen Schrift *Was von gräulichen Folterungen und Hexenbrennen zu halten ist* wird 1608 die Konsequenz einer völligen Ablehnung der Folter gezogen, wie sie später auch der calvinistische Prediger Johann Greve (1584–1624) aus Arnheim in seiner Schrift *Tribunal Reformatum* forderte.

Entgegen einer verbreiteten Annahme gilt es festzuhalten, daß die frontale Kritik der Hexenverfolgungen am Ende des 16. Jahrhunderts ziemlich erfolgreich war. In einigen deutschen Ländern, darunter der calvinistischen Kurpfalz oder den erasmianischen Herzogtümern Jülich-Kleve-Berg, lehnten die Regierungen Hexenhinrichtungen generell ab. In Frankreich erließ das Parlement de Paris, nachdem die Forderung nach Verfolgung lauter wurde, im Jahr 1587 ein Edikt, welches Hexenhinrichtungen von der Zustimmung des obersten Gerichtes abhängig machte. Versuche von Anhängern der katholischen Liga, den Ausnahmeprozeß einzuführen, wurden nach der Inthronisation Heinrich von Navarras als König Henri IV. (1553–1610, reg. 1589/1594–1610) abgeblockt. 1601 ließ das Parlement de Paris wegen Übergriffen auf französisches Gebiet einen Henker zu lebenslanger Galeerenstrafe verurteilen, der sich rühmte, in Brabant 274 Hexen hingerichtet zu haben. Es ist bezeichnend, daß der exponierte Bodin in diesem Milieu keine Karriere machen konnte und der Dämonologe Boguet sein Machwerk 1611 selbst aus dem Verkehr zog, weil es seiner Karriere schadete. Die Kontrolle der Todesurteile im Amtsbereich des Parlement de Paris, der ungefähr ein Drittel des heutigen Frankreich umfaßte, führte dazu, daß bei insgesamt 1272 Appellationen nur 115 Hexenhinrichtungen zugelassen wurden, die letzte im Jahr 1625. Ähnlich war die Entwicklung in England, wo die Bereitschaft zur Bestätigung von Todesurteilen seit dem Ende der 1580er Jahre zurückging. Obwohl König James I. 1604 die Hexereigesetzgebung verschärfte, führten die Gerichte kaum mehr Verbrennungen durch. Die Hexen in Shakespeares *Macbeth* wirken bereits wie eine Parodie. Wie fragil die Befriedung der Gesellschaft allerdings noch war, verdeutlicht die populäre Antihexereibewegung um den Hexenfinder Matthew Hopkins in der Anarchie des Bürgerkrieges 1645, die mit ca. 200 Hinrichtungen das Ausmaß mitteleuropäischer Verfolgungen erreichte.

Eine Hexenpanik im Baskenland stellte 1609 die Gerichtssysteme Frankreichs und Spaniens auf die Probe. Die Hexenverfolgung im französischen Labourd, der etwa 80 Menschen zum Opfer fielen, wurde auf Intervention des Königs Henri IV. durch ein Mitglied des Parlaments von Bordeaux beendet. Als die Hexenverfolgung nach Spanien übergriff, entsandte die Suprema den Inquisitor Alonso Salazar Frías zur Untersuchung dieses Phänomens. Der Geistliche überprüfte etwa zweitausend Aussagen von Inhaftierten und Zeugen und kam zu dem Schluß, daß kein einziger der Verdächtigten schuldig sein könne, selbst wenn er dies von sich selbst behauptete. Salazar zog die Konsequenz, daß es Hexerei vermutlich überhaupt nicht gebe und empfahl, generell keine Todesurteile mehr zuzulassen. Die Suprema folgte diesem Rat, erklärte alle Hexenprozesse lokaler Magistrate für illegal und bekämpfte sie fortan mit Härte. Die statistische Bestandsaufnahme zeigt, daß die Inquisition zwischen 1540 und 1700 auf der iberischen Halbinsel, den kanarischen Inseln, den Mittelmeerinseln und in Lateinamerika in 19 Tribunalen über 44 000 Fälle, darunter annähernd 4000 magische Delikte verhandelt hat. Todesstrafen wegen Hexerei wurden keine mehr verhängt. Allerdings sollte man die Aktivitäten der Inquisition nicht verharmlosen, da während desselben Zeitraums 775 Menschen wegen Kryptojudentums, als Anhänger Luthers oder Calvins oder wegen Homosexualität und Bigamie hingerichtet wurden. Etwa doppelt so viele fielen der portugiesischen, halb so viele der römischen Inquisition zum Opfer.

Aus ganz anderen Gründen fanden Hexenverbrennungen in den nördlichen Niederlanden (Generalstaaten) ein Ende. Hier gab es keine zentrale Kontrolle, aber einen gesellschaftlichen Konsens der herrschenden Eliten. Während des Freiheitskampfes gegen die katholische Großmacht Spanien war Holland seit den 60er Jahren des 16. Jahrhunderts zum Refugium von Glaubensflüchtlingen aus ganz Europa geworden. Hier blieb der irenische Humanismus lebendig, sephardische Juden und evangelische Gemeindechristen wie die Taufgesinnten, die im übrigen Europa schneller noch als Hexen auf dem Scheiterhaufen landeten, fanden eine neue Heimstätte und veränderten die Zusammensetzung der Gesellschaft. Bei religiösen Bewegungen wie den Mennoniten hatten christliche Ideale wie die Ablehnung jeglicher Gewaltanwendung zur Verweigerung des Kriegsdienstes und der Todesstrafe geführt. Von der Macht des Teufels hielten sie wenig. Ebenso war das Interesse der regierenden Calvinisten an Hexenbränden begrenzt. Eine Art informeller Öffentlichkeit hielt nach den Massakern der Religionskriege am Ende des 16. Jahrhunderts den Hexenglauben für diskreditiert. Die letzte Hexenverbrennung in den Niederlanden fand 1603 in Nimwegen statt.

Seit der Entkriminalisierung der Hexerei in den ökonomisch fortgeschrittenen westeuropäischen Ländern wurden die Verfolgungen in Zentraleuropa immer mehr zum schrekkenerregenden Sonderfall. Auf ihrem Höhepunkt in den Jahren 1626-1630, als die vornehmlich katholische Blutjustiz selbst das Kriegsgeschehen in den Schatten stellte, griffen katholische Intellektuelle, die vorher aus Parteiräson geschwiegen hatten, in den Meinungskampf ein. Der Ingolstädter Moraltheologe Tanner publizierte in seiner *Theologia Scholastica* den in München erreichten Diskussionsstand und verglich die Hexenverfolgungen mit den Christenverfolgungen unter Kaiser Nero. Zeitgenossen wußten, wer damit gemeint war, nämlich die Hexenbischöfe von Eichstätt, Bamberg, Würzburg, Mainz, Köln und Trier. Gegen sie richtete sich auch der 1628 gedruckte *Malleus Judicum, Das ist: Gesetzhammer der unbarmherzigen Hexenrichter* des Kitzinger Stadtarztes Cornelius Pleier. Ausgehend von Tanner entwickelte Spee unter großen Anfeindungen seine berühmte *Cautio Criminalis*. Unter der scheinbaren Prämisse, daß es Hexen gebe, unterzog er den Hexenprozeß einer so radikalen Kritik, daß sie selbst hartgesottene Zeitgenossen beeindruckte. An mehreren Stellen des Buches vermerkte Spee, es gebe noch eine äußerst wichtige Wahrheit, für welche die Zeit noch nicht reif sei. Da er zuvor bereits alle Argumente gegen die Hexenprozesse systematisch aufgeführt hatte, blieb zu vermuten, daß er die Wahrheit meinte, daß es überhaupt keine Hexen gebe und alle hingerichteten Menschen unschuldig gewesen seien. Spees anonym und unter Umgehung der Zensur veröffentlichte Schrift löste erregte Diskussionen im Jesuitenorden und in der Öffentlichkeit aus. Bald kursierten deutsche Übersetzungen und Schriften anderer Autoren, die denselben Tonfall anschlugen. Zu nennen ist die *Christliche Erinnerung an Gewaltige Regenten* des Thüringer Superintendenten Johann Matthäus Meyfahrt (1590-1642), der den Verantwortlichen Höllenstrafen androhte, falls sie nicht augenblicklich ihre Menschenopfer einstellten.

Länder ohne Hexenverbrennungen, in denen der Hexenglaube zurückging, nachdem weniger von Hexen die Rede war, gaben den Gegnern der Verfolgungen ein starkes Argument in die Hand. Bereits Johan van Heemskerk verwendet diesen erasmianischen Topos in seiner *Batavischen Arcadia*. Es sollte zu einem Standardargument der Rationalisten und Aufklärer werden. Colbert (1619–1683) machte schließlich 1682 Hexenhinrichtungen in ganz Frankreich von einer Zustimmung des Königs abhängig und erreichte damit binnen weniger Jahre eine starke Verminderung der Hexenverbrennungen, ohne das Delikt aus dem Strafgesetzbuch zu entfernen. Südeuropa, Westeuropa, Skandinavien und das Baltikum bildeten etwa seit 1700 einen mächtigen Block von Ländern ohne Hexenhinrichtungen. Rationalismus und Empirismus verliehen der traditionellen Skepsis eine wissenschaftstheoretische Absicherung. Die Mechanik und die Welt des kontrollierten Experiments faszinierte jene Wissenschaftler, die von Zauber und Wundern nichts mehr hören wollten. Die Physik des Galileo Galilei (1564–1642) oder die rationalistische Philosophie des René Descartes (1596–1650), derzufolge Gegenstände ausschließlich durch mechanische Krafteinwirkung, Zug oder Druck, bewegt wurden, waren unvereinbar mit magischen Vorstellungen, Hexenflügen oder einem Bild von Gott, der ständig mit Engeln und Teufeln in die Natur hineinspukte. Zahlreiche Geistesgrößen der zweiten Hälfte des 17. Jahrhunderts wie Thomas Hobbes (1588–1679), Baruch Spinoza, Pierre Bayle, Cyrano de Bergerac, Nicole Malebranche, Johann Valentin Andreae oder Gottfried Wilhelm Leibniz beförderten aktiv den Abschied von den Scheiterhaufen.

Während bis etwa 1630 der Kampf gegen Hexenverfolgungen im Vordergrund der kritischen Bemühungen gestanden hatte und sich das Ende der Hexenprozesse eher stillschweigend vollzog, weil es die agierenden Gruppen vorzogen, keine Allianz von reaktionären Theologen und Volkszorn zu provozieren, begannen in England Intellektuelle, den Hexenglauben anzugreifen und die Verteidiger des Hexenglaubens öffentlich herauszufordern. Thomas Hobbes widmete in seinem *Leviathan* mehrere ausführliche Abschnitte der Frage der Dämonologie, wobei er den Hexen- und Teufelsglauben in ungekannter Drastik der Lächerlichkeit preisgab und die katholische Kirche als das eigentliche Reich der Finsternis darstellte. Wenngleich andere Anglikaner und Presbyterianer diese Auffassung teilen mochten, repräsentierte Hobbes in der Hexenfrage noch keine Mehrheitsmeinung. Daß nicht nur Anhänger protestantischer Sekten und der anglikanischen Orthodoxie dem Hexenglauben anhingen, verdeutlichen die *Philosophical Considerations touching the Being of Witches* des Philosophen und Mitglieds der Royal Society Joseph Glanvill. Die englische Oberschicht war in ihrer Meinung gespalten. Samuel Pepys (1633–1703) fand Glanvills Hexenbuch in seinem berühmten Tagebuch „sehr gut geschrieben, aber nicht sehr überzeugend" (24. 11. 1666). Noch während der Periode der Restauration und Jahre vor der letzten Serie von Hexenhinrichtungen in England in den 1680er Jahren griffen Hobbesianer wie John Wagstaffe in seiner *Question of Witchcraft Debated* 1669 oder der Arzt John Webster (1610–1682) mit seinem *The Displaying of Supposed Witchcraft* Glanvill in aggressiver Form an wegen dessen Versuch, „to defend these false, absurd, impossible, impious and bloody opinions" (London 1677, S. 36). Die Glorious Revolution von 1688 bildete die entscheidende Wendemarke, nach der keine Hexen in England mehr verbrannt wurden. Mit der Herausbildung der politischen Parteien im englischen Parlamentarismus wurde die Hexenfrage zur Parteisache, bei der tendenziell nur noch Tories und zuletzt nur noch Schotten am Hexenglauben festhalten wollten. Der konservative schottische Abgeordnete James Erskine, Lord Grange, der 1736 eine Rede gegen die Streichung des Hexereidelikts aus dem Strafrecht hielt, machte sich damit allerdings nur noch lächerlich und besiegelte seinen politischen Abstieg.

Weitere Hexereidebatten wurden Ende des 17. Jahrhunderts in den Niederlanden durch Balthasar Bekkers (1634–1698) berühmten Titel *De Betooverde Wereld* (Die bezauberte Welt) ausgelöst, der jede Macht des Teufels auf Erden leugnete. Dieses umfangreiche, umständliche und durch zahlreiche Wiederholungen gekennzeichnete Buch wurde binnen weniger Jahre in alle europäischen Hauptsprachen übersetzt. Mit 175

Beiträgen dürfte die Bekker-Debatte zu den umfangreichsten der Frühaufklärung gehören, 75% davon griffen Bekker in schwerer Form an. Wie gefährlich der philosophische Frontalangriff gegen den Hexenglauben immer noch war, zeigt die Amtsenthebung des calvinistischen Pfarrers in einem Land, in dem seit langem keine Hexen mehr verbrannt worden waren. In Deutschland provozierte 1701 der Juraprofessor Christian Thomasius, ein Frühaufklärer im Gefolge des Philosophen Christian Wolff (1679–1754) an der preußischen Reformuniversität Halle, mit seiner Dissertation *De crimine magiae* einen ausufernden Streit, der die Szenerie im protestantischen Norden beleuchtete. Thomasius, der sieben Jahre zuvor beinahe selbst mit einem Gutachten noch an einer Hexenverurteilung mitgewirkt hätte, wenn er nicht von Kollegen in Halle davon abgehalten worden wäre, enfaltete in zweieinhalb Jahrzehnten eine fortwährende Propaganda gegen Hexenglauben und Hexenverbrennungen, in der er von befreundeten Medizinern, Physikern und Theologen unterstützt wurde. Der Verlauf der Debatte läßt erkennen, daß die Hexenfrage in Deutschland wie in den westeuropäischen Ländern nicht nur zu einem zentralen Anliegen der Frühaufklärung, sondern auch zu einem Mittel geworden war, reaktionäre Juristen und Theologen bloßzustellen, etwa jene sächsischen Pietisten, die Thomasius einst aus Leipzig vertrieben hatten. Während noch in Teilen Mittel- und Osteuropas Hexenverbrennungen stattfanden, wandelte sich das Hexenthema zu einer Waffe in der Hand der Aufklärer.

Die späten Hexenverbrennungen, die noch ungenügend erforscht sind, weil sie bereits die Zeitgenossen peinlich berührten und bis heute aus Nationalstolz gerne verschwiegen werden, stehen in einem seltsamen Spannungsverhältnis zur scheinbar überlegenen und distanzierten Argumentation der Aufklärer. Auf den britischen Inseln wurden in einer schottischen Prozeßserie bis 1727 noch Hexen hingerichtet. In Frankreich mokierte sich Voltaire am Beispiel des Jesuiten Pére Girard, der 1730 beinahe durch das Parlament der Provence zum Tod verurteilt worden wäre, über den Stand der

Diskussionen. 1743 wurde der Priester Bertrand Guillaudet in Dijon lebendig verbrannt, 29 Verdächtige saßen in Lyon ein, von denen fünf durch das Parlament von Burgund zum Tode verurteilt wurden. Freilich waren derartige Skandalfälle in Frankreich die Ausnahme, legale Hexenhinrichtungen kamen in ganz Westeuropa, Südeuropa und Nordeuropa, in den europäischen Kolonien in Amerika, Asien und Afrika, aber auch im größeren Teil der Einzelterritorien in Mitteleuropa nach 1700 nicht mehr vor, vereinzelte Hexenprozesse konnten skandalisiert und als Medium der Aufklärung eingesetzt werden.

Eine Problemzone bildeten Süddeutschland und der Alpenraum, wo man von einer Wiederkehr der Hexenpaniken sprechen kann. Betroffen davon war das Kurfürstentum Bayern und die umliegenden katholischen Hochstifte Freising, Augsburg und Salzburg, Teile Österreichs und Jugoslawiens, sowie einige Schweizer Kantone. Die Tatsache, daß die späten Fälle meist unter dem Begriff *veneficium* (Giftmord) geführt wurden, wird man als Defensivstrategie bewerten müssen. In Freising wurden 1717–1721 noch einmal sechzehn Personen hingerichtet, in Bayern nach 1720 mindestens fünfzehn Personen, darunter zwei in der Hauptstadt München. In einer Prozeßserie wurden von den Provinzregierungen in Landshut, Burghausen und Straubing zwischen 1749 und 1756 sieben Personen hingerichtet. Im Hochstift Augsburg ereignete sich 1727/28 eine Hexenpanik, der vier Personen zum Opfer fielen, weitere Hinrichtungen sind 1745 und 1766 belegt. 1746/47 kostete eine Panik in der schwäbischen Reichsabtei Obermarchthal sieben Frauen das Leben. In der Fürstabtei Kempten verurteilte der gleiche Bannrichter 1755 und noch einmal 1775 eine Frau zum Tod. Fürstabt Honorius Roth von Schreckenstein (reg. 1760–1785) bestätigte dieses Todesurteil („Fiat justitia!", 11. April 1775), doch wurde es, wie Wolfgang Petz herausgefunden hat, nicht mehr vollzogen. Die psychisch labile Maria Anna Schwägelin (1734–1781) verstarb Jahre später im Gefängnis.

Die Feststellung, daß am Ende des Zeitalters der Hexenverfolgung, wie auf seinem Höhepunkt, die geistlichen Territorien noch einmal eine herausragende Rolle spielten, wäre allerdings nur die halbe Wahrheit. Während im katholischen Ticino eine letzte Serie von Hinrichtungen 1721 endete, begann im calvinistischen Kanton Zug 1737 eine Panik, der sechs Frauen zum Opfer fielen und die Prozesse in den Nachbarkantonen Luzern und Schwyz nach sich zog. Immer noch verstarben manche der oft betagten Beschuldigten in Haft, immer noch wurde die Tortur angewandt, im Schweizer Kanton Graubünden zuletzt 1779 gegen Ursula Padrutt im rätischen Oberhalbstein. Vor diesem Hintergrund nimmt sich der Skandalprozeß gegen die Dienstmagd Anna Göldi (1734–1782), die am 18. Juni 1782 im reformierten Glarus hingerichtet wurde, weniger exotisch aus, als oft angenommen. Der größte Problemfall schließlich war Ungarn, wo – nachdem die osmanischen Behörden Hexenverfolgungen lange unterdrückt hatten – die Hexenverfolgungen erst zwischen 1710 und 1760 ihren Höhepunkt erreichten und bis nach 1770 andauerten. Noch in den 50er Jahren des 18. Jahrhunderts wurden hier 143 Hexenprozesse geführt, die in mindestens 21 Todesurteile mündeten, in den 60er Jahren waren es noch 47 Prozesse und in den 70er Jahren immer noch acht, die zu wenigstens drei Exekutionen führten, zuletzt 1777 im nordungarischen Késmárk (Kezmarok). Ein ähnliches Muster zeigt Polen, wo nach einer Hexenpanik mit fünf Hinrichtungen 1744 im schlesischen Teppenbuden bis in die 1750er Jahre zahlreiche Prozesse geführt worden sind, ehe 1756 Preußen und Österreich und 1775 der Sejm dagegen einschritt. Die Legalität der Verbrennung zweier Frauen in Posen 1793, die während der Wirren der 2. polnischen Teilung stattfanden, wird daher von manchen Historikern bestritten.

Die Exekution der Nonne Maria Renata Singerin (1678–1749) in Würzburg wurde zum Ausgangspunkt einer Debatte im katholischen Süddeutschland, in Österreich und Oberitalien. Nachdem der Jesuit Georg Gaar in einer bald gedruckten Rede am Scheiterhaufen die bischöfliche Hexenjustiz rechtfertigte, griff der Abt Girolamo Tartarotti (1702–1761) aus dem damals österreichischen Rovereto, Verfasser des Werkes *Del Congresso notturno delle Lammie,* diese Barbarei an und machte den Hexenpater lächerlich. Radikalere italienische Aufklärer wie Scipio Maffei (1675-1755) aus Verona zeigten sich von den Rücksichtnahmen des Abtes auf das christliche Magieverständnis enttäuscht. In drei umfangreichen Werken, von denen *L'arte magica annichilata* die Absicht am besten widerspiegelt, bestritt Maffei jegliche Möglichkeit der Magie. Der publizistische Streit der Aufklärer mit konservativen Klerikern unter Führung des Franziskanerprovinzials Benedetto Bonelli (1704-1783) dauerte in Italien die ganzen 1750er Jahre an. Durch den Erfurter Kirchenhistoriker Jordan Simon (1719-1776) wurden die Argumente Maffeis ins katholische Deutschland übertragen. 1761 erschien in Frankfurt/Main seine Schrift *Das große weltbetrügende Nichts oder die heutige Hexerei und Zauberkunst.*

Die großen katholischen Territorienkomplexe der Habsburger und Wittelsbacher waren zu diesem Zeitpunkt geprägt durch einen Court/Country-Gegensatz, wo relativ autonome Provinzen gegen den Willen der Zentralregierung am Hexenparadigma festhielten. Die Regierungen erarbeiteten Strategien zur Durchsetzung der Aufklärung in der Peripherie. Kaiserin Maria Theresia (1717-1780, reg. 1740-1780) verhinderte durch direktes Eingreifen den Vollzug bereits gefällter Todesurteile 1756 in Mähren (heute Slowakei) und 1758 in Slawonien (heute Kroatien). Im Bayern des aufgeklärten Kurfürsten Max III. Joseph (reg. 1745-1777) wurde der Schlag gegen den konservativen Klerus regelrecht inszeniert mit einer in den Jahren 1766-1770 durchgeführten Debatte, welche der Theatinerpater Ferdinand Sterzinger (1721-1786) mit seiner *Akademische Rede von dem gemeinen Vorurtheile der wirkenden und thaetigen Hexerey* auslösen durfte. Sie wurde zu einer der größeren nationalen Debatten im Deutschland des Alten Reiches, mit etwa 60 selbständigen Schriften und einer breiten Anteilnahme der Öffentlichkeit zwischen Wien und Hamburg. Wie zuvor in England, den Niederlanden, Preußen, Frankreich oder Italien ging es auch hier um die Existenz des Hexereidelikts und die Dummheit des Hexenglaubens überhaupt. Die geistlichen Gegner der Aufklärer mußten mißvergnügt registrieren, daß sie als Anhänger einer besiegten Ideologie unter der Rubrik Aberglauben mit den Hexen und Hexengläubigen in einen Topf geworfen wurden. Bis in das Zeitalter des Kaisers Joseph II. (reg. 1765–1790) erforderte die Gegnerschaft gegen das Hexereidelikt Mut, wie man Johann Pezzls (1756–1838) Roman *Faustin oder das philosophische Jahrhundert* entnehmen kann. Die Beendigung der Hexenverbrennungen wurde zu den ganz großen Aktivposten der Aufklärung gerechnet, ein Sieg des Lichtes über die Finsternis.

Das katholische Europa hatte damit zum protestantischen aufgeschlossen, wo in den Jahren nach 1760 eine Debatte um das Wesen der Gespenster die Nerven der Aufklärer strapazierte. Der damals schon berühmte schwedische Naturforscher und Philosoph Emanuel Swedenborg (1688–1772) berichtete nach einer Berufungsvision in den Jahren 1749–1758 in der *Arcana coelestia* über seine Erfahrungen mit dem Geisterreich, wobei die christliche Dämonenlehre fröhliche Urständ feiern konnte. Dies rief im preußischen Königsberg den Philosophen Immanuel Kant (1724–1804) auf den Plan. 1766 legte er in seiner Satire *Träume eines Geistersehers, erläutert durch Träume der Metaphysik* nahe, daß weder die Existenz von Geistern noch die Unmöglichkeit ihrer Existenz wissenschaftlich nachweisbar sei. Darin unterschieden die Anhänger der Theorien Swedenborgs sich nicht sehr von den Philosophen Wolffscher Prägung, „Luftbaumeister der mancherlei Gedankenwelten, deren jeglicher die seinige mit Ausschließung anderer ruhig bewohnt". Gegenüber der haltlosen Metaphysik ist wie gegenüber den Phantastereien des „Erzgeistersehers" kritischer Verstand gefordert. Swedenborgs „acht Quartbände voll Unsinn" böten nichts als „eine zusammenhängende Täuschung der Sinne". Aufgabe der Philosophie sei es, die „Grenzen der menschlichen Vernunft" zu erforschen. Kants Ausführungen über die Subjektivität des Erkenntnisvermögens in der *Kritik der reinen Vernunft* müssen auch vor diesem Hintergrund gesehen werden.

Die Beseitigung des Hexereidelikts aus der europäischen Strafgesetzgebung ist noch nicht vergleichend untersucht worden. Im deutschsprachigen Raum zog die erregte öffentliche Debatte um den „Justizmord" an Anna Göldi einen Schlußstrich unter die Hexenprozesse. Das Strafrecht Kaiser Josephs II. enthielt 1787 keinen Artikel über Zauberei mehr. Trotz der harschen Kritik in der „Encyclopedie" hielten französische Strafrechtskommentare noch 1780 am Straftatbestand „Magie & Sortilège" fest, und erst nach der Französischen Revolution wurden 1791 die „crimes imaginaires" gestrichen. Während einige Länder für Hexerei oder Zauberei nie eine formelle Hexereigesetzgebung entwickelt hatten und sie deswegen auch nicht wieder streichen mußten, dürften in den meisten Ländern die Magiedelikte in der gesellschaftlichen und politischen Umbruchszeit um 1800 im Zuge der generellen Strafrechtsreformen beseitigt worden sein. Ausgerechnet in einem der englischen Krone unterstehenden Land ohne Hexenverfolgungen, im katholischen Irland, blieb der von England eingeführte *Witchcraft Act* am längsten in Kraft. Die öffentlichen Diskussionen bei seiner Beseitigung im Jahre 1821 demonstrierten noch einmal, daß selbst im industrialisierten England eine Minderheitsmeinung nach wie vor von der Existenz der Hexen und der Notwendigkeit ihrer Bestrafung überzeugt war.

Die Entkriminalisierung des Hexenverbrechens durch den europäischen Rationalismus findet ihr Gegenstück in der veränderten Einstellung gegenüber anderen Verbrechen. Forschungen zur Kriminalitätsgeschichte haben ergeben, daß soziale Abweichungen wie Homosexualität von Männern (*sodomia*) oder Kindsmord junger Mütter inklusive Abtreibung (*infanticidium*) ganz ähnliche Konjunkturen aufweisen wie das Hexenverbrechen. Nach einem rasanten Aufstieg im 15. Jahrhundert sahen sie einen Höhepunkt der Verfolgung in den Jahren um 1600, danach eine schrittweise Entkriminalisierung in Relation zum Entwicklungsstand der jeweiligen Gesellschaft. Die Untersuchung serieller Quellen legt nahe, daß wegen dieser Delikte in Europa mehr Menschen hingerichtet worden sind als wegen Hexerei. Ähnliche Konjunkturen bei „Verbrechen" wie Bigamie, Inzest oder Blasphemie zeigen, daß wir es mit generellen Trends in der europäischen Strafrechtsentwicklung zu tun haben. In der Frühen Neuzeit kam es im Zuge des Staatsbildungsprozesses, religiösen Reformbewegungen mit nativistischen Zügen und einer angespannten ökonomisch-ökologischen Situation unter dem Eindruck der Kleinen Eiszeit zum Versuch verstärkter moralischer und sozialer Kontrolle abweichenden Verhaltens unter religiösen Gesichtspunkten. Die schrittweise Säkularisierung der Eliten führte zu einer weitgehenden Entkriminalisierung der Hexerei, so daß, abgesehen von fundamentalistischen Fanatikern, die westliche Gesellschaft kaum mehr in der Lage ist, im Gebrauch von Magie ein Verbrechen zu sehen.

Die Negation des Hexenverbrechens welche mit der europäischen Expansion in große Teile der Welt exportiert worden ist, wurde nicht überall akzeptiert. Sobald koloniale Justizadministrationen begannen, die europäische Hexereigesetzgebung auf Angehörige anderer Kulturen anzuwenden, kam es zu ernsthaften Problemen. Als 1922 das englische Hexereigesetz in Ostafrika eingeführt wurde, kam es sofort zu dessen Problematisierung, da es als Schutz der Hexen mißverstanden wurde. Als ganz unakzeptabel wurde empfunden, daß es gemäß der christlichen Tradition *witches* und *witch-doctors* gleichermaßen kriminalisierte. In der Folge kam es zu Novellierungsversuchen dieser Gesetzgebung, welche versuchten, afrikanischen Vorstellungen von der Realität der Hexerei Rechnung zu tragen. Aus denselben Gründen gibt es in Indonesien Bestrebungen, die niederländisch-koloniale Gesetzgebung zu ersetzen. Am weitesten ging bisher das westafrikanische Kamerun, wo seit den 80er Jahren des 20. Jahrhunderts vor offiziellen Gerichten wieder Anklagen wegen Hexerei entgegengenommen und traditionelle Wahrsager (*witch-doctors*) als Zeugen akzeptiert werden. Die Verurteilten sind dort meistens Männer. Wie im Zeitalter der Hexenverfolgungen in Europa zeigt sich in einigen Ländern der Dritten Welt eine Tendenz der politisch Verantwortlichen, Pogrombewegungen, an deren Eindämmung sie gescheitert sind, zur Erhaltung der eigenen Machtbasis zuzulassen. Eindeutig stimmt in vielen Ländern der Welt heute das Empfinden der Bevölkerung nicht (oder noch nicht) überein mit den aus Europa übernommenen Rechtsnormen.

Der Kampf gegen Hexenverfolgungen ist also nicht zuende, und es besteht kein Grund zur optimistischen Prognose, daß er jemals enden könnte, wenn es stimmt, daß der Glaube an okkulte Wirkungen in der menschlichen Psyche angelegt ist. Wenn Theodor W. Adorno in seinen *Minima Moralia* schrieb, Okkultismus sei „die Metaphysik der dummen Kerle", so entsprach der Grad seiner moralischen Entrüstung der des heiligen Augustinus, ohne daß er dessen Optimismus über ein bevorstehendes Ende des Aberglaubens noch teilte. Seine Bemerkungen über das Läppische des Geoffenbarten seit den frühen Tagen des Spiritismus, wo „das Jenseits nichts Erheblicheres kundgetan [hat] als Grüße der verstorbenen Großmutter", ähnelt den Argumenten von Gegnern der Hexenverfolgung aus dem 16. Jahrhundert. Wenn die Hexen so mächtig seien wie behauptet, warum lebten dann die alten Mütterlein in Armut und mühten sich jeden Tag aufs Neue mit schweren Lasten? Warum überhaupt stellten Könige teure Armeen auf, wenn sie mit Zauberei günstiger zum Ziel kommen konnten? Die kleine Saat des Zweifels unterminierte das geschlossene System des Hexenglaubens gründlicher als die Konkurrenz anderer geschlossener Glaubenssysteme. Zur Beendigung der Hexenhinrichtungen führte jedoch die gründliche juristische Kritik des Verfahrens, die kein Ausnahmerecht für angebliche Ausnahmeverbrechen mehr zuließ. Die Hochschätzung des Grundsatzes der Rechtsstaatlichkeit war die wichtige Lehre, die aus der Zeit der Hexenverfolgung gezogen wurde.

# V. Verwertung und Vermarktung

Die Angst der Menschen läßt sich in verschiedene Währungen ausmünzen, in die der politischen Macht ebenso wie die des ökonomischen Gewinns. Mit kaum einem anderen Sujet konnte der Teufel so kräftig an die Wand gemalt werden wie mit dem Hexenthema. Mit ihm ließ sich von der Kanzel donnern oder eine Waffe in innenpolitischen Auseinandersetzungen gewinnen. „Moralische Unternehmer" wie der Verfasser des Hexenhammers haben damit den Einfluß ihres Ordens vermehrt, Juristen wie Jean Bodin die Macht des Staates befördert, Verleger wie Nikolaus Basse am kommerziellen Erfolg gearbeitet. Neben den vielen kleinen Heilern und *witchdoctors* profitierten auch professionelle Hexenjäger wie der berüchtigte Matthew Hopkins davon, der in den Wirren des englischen Bürgerkrieges das Machtvakuum nutzte und von Gemeinde zu Gemeinde reiste, um gegen Geld Hexen aufzuspüren. Die politischen Separatisten in Schottland nutzten im 18. Jahrhundert das Hexenthema ebenso wie nativistische Bewegungen im heutigen Afrika.

Die kreative Umprägung der Hexenvorstellung erfolgte in der Romantik, deren Beginn Francisco Goya (1746–1828) nicht umsonst mit seinem berühmten Capriccio *Der Schlaf der Vernunft gebiert Ungeheuer* kommentierte (Abb. 4). Jacob Grimm betrachtete die Hexen als „weise Frauen", Hüterinnen alter Überlieferungen bzw. konkret der germanischen Kultur. Seine nationalistische Mythenkonstruktion stieß im bürgerlichen Zeitalter auf breite Zustimmung und auf herben Spott. So bemerkte der Germanist Moriz Haupt (1808–1874) über das Treiben der Altertumsvereine, es werde bald kein roter Hahn und kein stinkender Bock mehr in der Welt sein, der nicht Gefahr laufe, für einen germanischen Gott erklärt zu werden. Jules Michelet porträtierte die Hexe in *La Sorcière* als „Ärztin des Volkes" und Kämpferin gegen feudale Unterdrückung, welche von einer Verschwörung der Fürsten und Juristen, Theologen und Mediziner gnadenlos verfolgt worden sei, deren Einsatz aber unvergeßlich bleibe, ein Kraftquell des Kampfes gegen Unterdrückung.

Neue Bedeutung gewann das Hexenthema im Kontext des Konflikts zwischen Staat und katholischer Kirche, der nach der Verurteilung des Rationalismus und Liberalismus durch Papst Pius IX. (1792–1878, amt. 1846–1878) im sogenannten *Syllabus* das geistige Klima in einigen europäischen Ländern prägte. Mit der Propagierung der päpstlichen Unfehlbarkeit auf dem 1. Vatikanischen Konzil 1870 gewann das Hexenthema Bedeutung in der Polemik gegen dieses Dogma. Ein Großteil der älteren Forschung entstand im Spannungsfeld dieser Auseinandersetzungen. Selbst der kühle Joseph Hansen betonte: „Die Elemente des Wahns, auf denen [die Hexenverfolgung] sich aufgebaut hat, werden noch heute fast ausnahmslos in den Lehren der geltenden religiösen Systeme weitergeführt. Insofern wohnt also unseren historischen Darlegungen auch ein besonderes aktuelles Interesse bei". Andrew Dickson White (1832–1918), ehemaliger amerikanischer Botschafter in Berlin und Präsident der Cornell University (Ithaca/New York), fügte wegen des Versuchs christlicher Fundamentalisten, die Freiheit der Forschung einzuschränken, einen langen Abschnitt über „Hexenwahn" in seine *History of Warfare of Science with Theology and Christendom* ein.

Eine andere Nutzanwendung des Hexenthemas wurde im Kontext der okkultistischen Bewegung entwickelt, die zum Fin de Siècle vor allem in den großen europäischen Metropolen Paris und London, Wien und Berlin florierte. Die Verbindungen von Theosophie und Spiritismus zu Frühkommunismus, Frauenbewegung, Vegetarismus, Lebensreformbewegung und Antivivisektionsbewegung, aber auch zum Antisemitismus, zeugen von der Unruhe der damaligen Gesellschaft. Unter dem Pseudonym „Aleister Crowley" gründete der Bierbrauerssohn Edward Alexander (1875–1947) einen satanistischen Thelema-Orden, dessen amerikanischem Ableger der Scientology-Erfinder Ron Hubbard angehörte. Mit Gerald B. Gardner (1884–1964) wurde ein anderer Crowley-Jünger zum Stifter einer Hexenreligion auf der Grundlage von Publikationen der Ägyptologin Margaret Alice Murray (1863–1963), die in ihrem *The Witch Cult in Western Europe* die abstruse These von der Fortexistenz eines archaischen Fruchtbarkeitskultes seit der Steinzeit aufgestellt hatte. In hohem Alter verfaßte sie das Vorwort für Gardners *Witchcraft Today*, welches die angeblich immer noch existierende Hexenreligion nach den Murrayschen Vorgaben beschrieb. Gardners „Wicca-Coven" fanden in England Zulauf und verbreiteten sich durch Auswanderer in die USA. Auseinandersetzungen innerhalb dieser Bewegung führten seit den 60er Jahren zu einer Spaltung in verschiedene neopagane und feministische Richtungen.

In Deutschland erlebte die Verwertung des Hexenthemas einen besonders unerfreulichen Sonderweg. Trug eine erste Vermarktung der Hexenverfolgungen in Lemgo 1925 noch den Charakter eines touristischen Ereignisses – mit Vorträgen, Umzug, Ausstellung, Stadtführer und Stadtführungen – so verwandelte der Popagandist Alfred Rosenberg dies im Kontext des NS-Kirchenkampfes zur Attraktion mit politischer Nutzanwendung. 1933 wurde für die Offenburger „Fasnet" die Hexenfigur erfunden und als Paradeobjekt des NS-Kulturbetriebs weiterentwickelt. Im Kontext des NS-Folklorismus entstanden an vielen Orten in Deutschland „Hexengruppen", die im Karneval oder zu politischen Anlässen tätig wurden, etwa um als „cheer-leader" der NS-Bewegung Parteiprominenz mit germanischen „Hexentänzen" zu empfangen. Die politische Nutzanwendung wurde von Autorinnen wie Mathilde Ludendorff (1877–1966), selbst Führerin einer neopaganen Bewegung, geliefert. In ihrem Pamphlet *Christliche Grausamkeit an Deutschen Frauen* schrieb sie, Christen hätten den „Hexenwahn gelehrt, Hexenverfolgung zur religiösen Pflicht erhoben, und zu diesem Verbrechen an den Frauen" angereizt. Ergebnis waren jene „grauenvollen Folterungen und Verbrennungen der neun Millionen ‚Hexen' …, die die Christen auf dem Gewissen haben". Wie die „Sowjetgreuel" für den Marxismus sei die Hexenverfolgung „Gradmesser für den Wert der Lehren, auf die sie sich gründen".

Zur Radikalisierung dieser Argumentation kam es im Milieu des völkischen Feminismus. Friederike Müller-Reimerdes vertrat in ihrer Abhandlung *Der christliche Hexenwahn. Gedanken zum religiösen Freiheitskampf der deutschen Frau,* einem „Kampfruf für jede nordisch-bewußte Frau", 1935 die Ansicht, „jüdische Denkart, liberalistische Entwurzelung und art- und rassefremde Seelen- und Geistesgesetze der christlichen Priester- und Dogmenkirche" hätten „der deutschen Frauenwürde die tiefsten und blutigsten Wunden" geschlagen. Antiklerikalismus, Feminismus und Rassismus verbinden sich bei Müller-Reimerdes, wenn sie doziert, die „rassewidrige Weltanschauung" des Christentums habe zur „Entartung deutschen Mannestums" geführt, das sein „artgemäßes Heldentum, das einst nur gleichwertige Frauen ertragen konnte, mit orientalischem Mannestum vertauscht hat". Tausend Jahre lang hätten deutsche Frauen „unter einer nur vom Manne geformten, unwürdigen Stellung im Volksleben [ge]litten", systematisch habe die Kirche „blonde Frauen und Mütter, die Trägerinnen nordischen Rasseerbguts" auszurotten versucht. Männer seien nur hingerichtet worden, „um der Frauenausrottung den Mantel ‚fachlich-sachlicher' Begründung zu leihen und sie dadurch den christlichen Völkern gleichsam ‚mundgerecht' zu machen". Gegenüber der christlichen Kirche, „diesem konsequentesten Männerkollektiv", solle das feierliche Gelübde stehen: „Ich werde ein Rächer meiner gemarterten Schwestern werden!"

Der Aufschwung des neuen Feminismus, der seit Mitte der 70er Jahre unter dem Motto „die Hexen sind zurückgekehrt" auch in Westeuropa zu Frauendemonstrationen in der Nacht zum 1. Mai geführt hat, hat die historischen Hexen unter dem Aspekt der „Wiedergewinnung weiblicher Macht und Spiritualität" populär gemacht. Aus Amerika kam es dabei zum Vergleich der Hexenverfolgung mit dem Holocaust. Während dessen Überlebende mit Vergleichen zurückhaltend blieben, stellte Mary Daly in ihrem Buch *Gyn/Ecology* die provokante These auf, „daß Frauen mehr gelitten hätten als alle Opfer von Rassismus und Völkermord". Die Botschaft, die Hexenverfolgung sei in Wirklichkeit ein „Gynozid" gewesen, der den Holocaust an den europäischen Juden weit in den Schatten stelle, wurde an der Schnittstelle von esoterischem Neopaganismus und Feminismus geboren, wo nicht geforscht, sondern gefühlt und geglaubt wird. Dalys Übersetzerin Erika Wisselinck zitierte 1986 in ihrer Publikation *Hexen. Warum wir so wenig von ihrer Geschichte erfahren und was davon auch noch falsch ist. Analyse einer Verdrängung* sogar Mathilde Ludendorff als Autorität. Neuer Feminismus, völkische Frauenbewegung und nationalsozialistischer Neopaganismus reichen sich hier die Hand. Anja Malanowski und Anne-Bärbel Köhle klagen in ihrem Buch *Hexenkraft:* „Problematisch wird es allerdings, wenn neonazistische Glatzköpfe und spirituelle Frauen dieselben Steilhänge hinaufschwitzen, um dort ihre Sonnwendfeier zu begehen. Denn unglücklicherweise ziehen die Kraftplätze Schwarzmagier wie weise Frauen an, üben eine allumfassende Faszination aus. Und einige Hexencoven beziehen sich auf dieselben historischen Wurzeln wie Nazis: die (magische) Macht der Germanen". In der amerikanischen New-Age-Bewegung hat diese Verbindung erhebliche Irritationen ausgelöst, seitdem die feministische Katholikin Rosemary Ruether die Geschichtsklitterungen der New Yorker „Hexe" Miriam Simos alias „Starhawk" einer fundamentalen Kritik unterzogen hatte, wie aus dem New Yorker Sammelband *Magical Religion and Modern Witchcraft* erkennbar wird.

Die Gruppierungen der „neuen Hexen", deren Anhängerschaft in den USA auf 250 000 geschätzt werden, können ohne historische Legitimation leben, da sich ihre Selbststigmatisierung auf einen Archetypus bezieht, der ihre Dissidenz gegenüber westlicher Religion und Wissenschaft gleichermaßen adäquat zu symbolisieren scheint. Soziologische Untersuchungen über die „neuen Hexen" in den USA zeigen, daß hier sinnsuchende Mittelständler überwiegen, bei überproportionalem Frauenanteil mit nord- und westeuropäischer Herkunft. Als Kontaktmedien dienen nach einem Überblick von Shelley Rabinovitch aus dem Jahr 1996 persönliche Gespräche in Bioläden, Vegetariervereinigungen, Frauengruppen und Ökozirkeln, daneben entsprechende Zeitschriften und ganz allgemein die esoterische Literatur. Während der vergangenen zehn Jahre wurden mehr Bücher über Geheimkulte und Hexen geschrieben und verkauft als in Jahrhunderten vorher, so daß jeder Interessierte sich sein Set an Ritualen selbst zusammenbasteln kann. Es mag sein, daß solche Bewegungen kompensatorische Funktion besitzen und einsame und unsichere Menschen anziehen, wie Inge Schöck schreibt, doch stellt sich die Frage nach der Signifikanz einer solchen Aussage, wenn man gleiches über die Besucher von Kirchen, Popkonzerten oder Parteiveranstaltungen behaupten kann. Es scheint weniger kennzeichnend für das Esoterikmilieu zu sein, als für eine Gesellschaft, in welcher viele Individualisten wenigstens in der Freizeit von Dogmen verschont sein wollen, traditionelle Institutionen die Bedürfnisse religiös interessierter Menschen nicht mehr befriedigen können und an Bindekraft verlieren.

Der Soziologe Nachman Ben-Yehuda hat darauf hingewiesen, daß das okkultistische Revival wesentlich ein Medienereignis ist. Der Aberglaube auf schmuddeligen Jahrmärkten und in den Anzeigenspalten tritt in den Hintergrund gegenüber gutbürgerlichen New-Age-Seminaren und der Scheinwelt der Talkshows. Die Astrologie ist zum Millionengeschäft geworden, die amerikanischen Filmindustrie setzt mit nichtkirchlicher Metaphysik Milliarden um. Auch wenn die Unterhaltungsfunktion bei diesem „Potpourri des Gefälligen" im Vordergrund steht, läßt sich der Glaube an das Übernatürliche nicht in eine Funktion der postmodernen Spaßkultur auflösen. Angesichts der seit Jahren boomenden Esoterikmessen, deren bisherige Spitze ein „Welt-Hexen-Kongreß" 1975 in Bogota bildete, kann gesagt werden: Die Zahl der Gläubigen wächst, die Heilserwartung abseits der traditionellen Kirchen ist groß, der Vorrat an Ideen hingegen begrenzt. Die Wiederkehr bekannter Vorstellungen in neuer Kombination und wechselnder Akzentuierung, auch immer glanzvollerer Verpackung, kennzeichnet den magischen Markt. Exotische Volksmedizin wird von der Esoterik-Industrie benutzt, um den Hexenbegriff positiv aufzuladen und von der dämonologischen Interpretation zu lösen. Das Phänomen des Schamanismus hat dabei eine Leitfunktion übertragen bekommen, was neben zahlreichen Schwindlern auch einigen religiösen Spezialisten der Dritten Welt ein Auskommen sichert.

Das öffentliche Interesse an den Hexen führte seit den 80er Jahren zu einer neuen Breite der Vermarktung. Die Landesausstellungen im Saarland und in der Steiermark im Hexenhammer-Gedenkjahr 1987 wurden von einem ausgreifenden *Hexenfolklorismus* umlagert. Konsumartikel (Hexenkräutertees, Hexenliköre, das überbackene Sandwich „heiße Hexe" einer Kioskkette, etc.) wurden kreiert, Lieder komponiert, Theaterstücke geschrieben, Hexendenkmäler errichtet, Tourismuskonzepte erarbeitet, etwa für die Region um den Blocksberg im Harz. Dem Hexentourismus folgte die Souvenirindustrie mit Kinderspielzeug, Schlüsselanhängern, Autoaufklebern und Hexenpuppen. Während sich die Verhexungsangst in einem traditionellen Segment der Gesellschaft fortpflanzt und sich die Kirchen nur zögernd von ihrem dämonologischen Traditionsballast trennen, betonen Science Fiction und Fantasy die märchenhaften und positiven Aspekte der Hexenvorstellung und des Okkulten. Konstrukteurinnen feministischer Feenwelten wie Marion Zimmer Bradley sind heute international bekannter als Jacob Grimm. Kinderbücher wie *Die kleine Hexe* kombinieren das rebellische Potential der Kindheit mit Omnipotenzphantasien. Eine bekennende Hexe läuft nach einem Bonmot von Marcello Truzzi nicht mehr Gefahr, auf dem Scheiterhaufen zu landen, sondern zu einer Party eingeladen zu werden. Wegen derartiger Eskapismen schon von einer *Wiederverzauberung der Welt* zu sprechen, wäre aber übertrieben.

# VI. Epilog

Bekanntlich hat ein Zweig der Esoteriker, der den Hexenbegriff nicht für sich reklamiert, am meisten mit den Visionen der alten Hexen gemeinsam, nämlich die Gemeinde der Ufo-Gläubigen, die davon träumt, Außerirdischen mit übersinnlichen Fähigkeiten begegnet, von ihnen durch die Lüfte entführt und sexuell benutzt worden zu sein. Die Entrückten, von deren Jenseitskontakten Operationsnarben als Stigmata künden sollen, glauben, nach der Rückkehr mehr zu wissen als andere Sterbliche. Ohne Zwang entwickeln sie Vorstellungen von Entrückungen, für die in unserer Gesellschaft eigentlich kein Bedarf besteht. Dies verweist ebenso wie Berichte über Nahtoderlebnisse darauf, daß selbst die spektakulärsten Bestandteile der Hexenvorstellung zwar nicht vernünftig, aber doch in der menschlichen Natur angelegt sind.

Die Suche nach den Träumen der Hexen würde demnach letztlich in den Grenzbereich zwischen Physiologie und Psychologie führen, den zerebralen Raum, in welchem physikalische Reize in jene Empfindungen und Bilder übersetzt werden, deren Deutung in traditionellen Kulturen die Aufgabe religiöser Spezialisten gewesen ist. Mittelalterliche Theologen waren nicht auf Dauer erfolgreich mit ihrem Versuch, den Hexenglauben in das Reich der Träume zu bannen. Hexen personifizierten für große Teile der europäischen Bevölkerung eine Bedrohung durch feindliche Mächte, welche das Individuum und sein soziales Umfeld, mitunter auch ganze Gemeinschaften in ihrer materiellen oder metaphysischen Existenz zu bedrohen schienen, nicht viel anders, als wir dies in außereuropäischen Gesellschaften finden können. Wo an Hexen geglaubt wird, kann es auch heute noch zu (illegalen) Hexenhinrichtungen kommen. Hexenverfolgungen waren und sind der Versuch, jenseits von Kirche und Staat in Selbsthilfe „das Böse" zu bekämpfen.

Die Brisanz der historischen Hexenverfolgungen in Europa liegt darin, daß sich Vertreter der Kirche oder des Staates an die Spitze der populären Pogrombewegungen stellten. Dies war allerdings nur für einen begrenzten Zeitraum und einzelne Gebiete der Fall, eine generelle und langdauernde Verfolgung hat es nie gegeben, und den europäischen Hexenverfolgungen fielen weniger Menschen zum Opfer als gemeinhin angenommen. Hexenverfolgungen in anderen Teilen der Welt, darunter im heutigen Afrika, sind qualitativ und quantitativ mit den europäischen vergleichbar. Jede Parallelisierung mit den systematischen Vernichtungsprogrammen der NS-Zeit ist unhaltbar. Die Opferzahl ist kein Maßstab für die Bedeutung der Thematik. Gesellschaften ohne Hexenhinrichtungen können durchdrungen sein von Verhexungsängsten und den dadurch in Kraft gesetzten sozialen Mechanismen. In ihrem Fluchtpunkt liegt die Gewaltanwendung, wenn keine gesellschaftlichen Gegengewichte bestehen, akzeptable soziale und wirtschaftliche Verhältnisse sowie intakte juristische und politische Ordnungsmechanismen.

Die Verschiedenheit der angstbesetzten Hexenbilder verweist auf ihren Charakter als Konstrukt, das nach einem Diktum der Anthropologin Monica Wilson einen der Schlüssel zum Verständnis einer Gesellschaft liefert. Die Ambivalenz der alteuropäischen Hexenvorstellung erfuhr ihr Echo in der Rezeption. Die Hexe konnte zum Symbol der Frauenbewegung werden, weil sie seit der Zeit der Romantik zum Gegenbild der patriarchalischen Gesellschaft stilisiert worden ist. Die Erfindung dieser Tradition fußt auf der Tatsache, daß Frauen von den europäischen Hexenverfolgungen weit überdurchschnittlich betroffen waren. Führende Gegner der Verfolgungen in Europa haben daher ganz gezielt den Schutz der Frauen in den Vordergrund gestellt, darunter – um noch ein Klischee zu widerlegen – im Zölibat lebende Ordenstheologen wie Friedrich Spee. Ihr Konstrukt des unschuldigen Opfers entfernte sich weit von der Realität jener Personen, die tatsächlich mit Magie umgingen. Nicht nur in der Gesellschaft, sondern auch in der Wissenschaft hat sich lange die Doppelung des Themas gehalten. Viele Forscher interessierten sich für die Verfolgung Unschuldiger in den Hexenprozessen, andere hingegen gerade für die angeblich nicht existierenden Hexen, deren soziale Stellung, ihre magische Praktiken und ihre heterodoxen religiösen Vorstellungen.

Hexerei ist ein Menschheitsthema, liefert sie doch eine Erklärung für das Unglück in der Welt und eröffnet die Hoffnung auf eine aktive Beinflussung des Schicksals jenseits der Gesetze der Natur. Indem wir uns damit beschäftigen, erfahren wir viel über kollektive und individuelle Sorgen und Hoffnungen, Deutungsmuster und Verhaltensformen. Mehr als in normativen Quellen und selbst in Autobiographien oder Briefwechseln treten uns in den Protokollen der Hexenprozesse Menschen plastisch vor Augen und führen uns ein in die konkreten Probleme ihrer Zeit. Mit ihrer Analyse gewinnen wir Einblicke in das Alltagsleben, den zeitgenössischen Umgang mit der Natur oder das Verhältnis zwischen den Geschlechtern, über Probleme der Wahrnehmung und der Wahrheitsfindung vor Gericht, über kulturelle Barrieren zwischen einfacher Bevölkerung und gebildeter Oberschicht, über die Dynamik von Stereotypenbildungen, insbesondere in gesellschaftlichen Krisenzeiten, über die Fragilität naturwissenschaftlicher Hypothesen, sowie die Gefährlichkeit von Fanatikern in Politik, Wissenschaft, Justiz oder auch nur in der Nachbarschaft.

Mit traditionellen medizinischen oder psychologischen Argumenten konnte der „Hexenwahn" nie ganz abgestellt werden, da die Doktrin von der realen Macht eines personalen Teufels jede vernünftige Argumentation außer Kraft zu setzen imstande war. Wie zentral das Hexenthema für die europäische Kultur war, kann man daran sehen, daß sie als einzige eine rationalistische Philosophie entwickelt hat, welche nur noch mechanische Kräfte als wirkkräftig anerkannte, den allmächtigen Gott in Naturgesetze und mathematische Gleichungen verbannte, übernatürliche Eingriffe in den Lauf der Welt bestritt und damit der Macht des Teufels und der Magie jegliche theoretische Basis entzog. Die Fortschrittsphilosophie im Zusammenspiel mit tatsächlichen sozialen Verbesserungen, dem Sieg über den Hunger und die epidemischen Krankheiten, war bisher der gelungenste Versuch, Hexenverfolgungen zu verhindern. Erst das Verschwinden der alten Schrecken ermöglichte die Erfindung neuer Mythen.

Abb. 4: Francisco Goya, *Der Schlaf der Vernunft gebiert Ungeheuer*, *Capricho von 1797.*

# Literatur

## Quelleneditionen

Wolfgang Behringer (Hg.), Hexen und Hexenprozesse in Deutschland, München 1988. 4., aktualisierte Aufl. München 2000.
Joseph Hansen (Hg.), Quellen und Untersuchungen zur Geschichte des Hexenwahns und der Hexenverfolgung im Mittelalter, Bonn 1901. Neudruck Hildesheim 1963.
Alan C. Kors/Edward Peters (Hg.), Witchcraft in Europe, 1100–1700. A Documentary History, Philadelphia 1972. – 10. Aufl. 1992.
Georg Luck, Magie und andere Geheimlehren der Antike. Mit 112 neu übersetzten und einzeln kommentierten Quellentexten, München 1990.

## Sammelwerke

Ray Abrahams (Hg.), Witchcraft in contemporary Tanzania, Cambridge 1994.
Bengt Ankarloo/Gustav Henningsen (Hg.), Early Modern European Witchcraft. Centres and Peripheries, Oxford 1990.
Hans Bächtold-Stäubli (Hg.), Handwörterbuch des deutschen Aberglaubens, 10 Bde., 1927–1942. Reprint München 1986.
Dieter R. Bauer/Wolfgang Behringer (Hg.), Fliegen und Schweben. Annäherung an eine menschliche Sensation, München 1997.
Nachman Ben-Yehuda (Hg.), Deviance and Moral Boundaries. Witchcraft, the Occult, Science Fiction, Deviant Sciences and Scientists, Chicago 1985.
Andreas Blauert (Hg.), Ketzer, Zauberer, Hexen. Die Anfänge der europäischen Hexenverfolgungen, Frankfurt/M. 1990.
Thomas A. Brady/Heiko A. Oberman/James D. Tracy (Hg.), Handbook of European History 1400–1600. Late Middle Ages, Renaissance and Reformation, 2 Bde., Leiden 1994.
Jeremy Cohen (Hg.), From Witness to Witchcraft. Jews and Judaism in Medieval Christan Thought, Wiesbaden 1996.
Mary Douglas (Hg.) Witchcraft. Confessions and Accusations, London 1970.
Gunther Franz/Franz Irsigler (Hg.), Hexenglaube und Hexenprozesse im Raum Rhein-Mosel Saar, Trier 1995.
Gustav Henningsen/John Tedeschi (Hg.), The Inquisition in Early Modern Europe. Studies on Sources and Methods, Dekalb 1986.
Walter Hirschberg (Hg.), Neues Wörterbuch der Völkerkunde, Berlin 1988.

Mihály Hoppál (Hg.), Shamanism in Eurasia, Göttingen 1984.
Ari Kiev (Hg.), Magic, Faith and Healing. Studies in Primitive Psychiatry, London 1964. 2. Aufl. London 1996.
Gábor Klaniczay/Eva Pócs (Hg.), Witch-Beliefs and Witch-Hunting in Central and Eastern Europe, Budapest 1994.
Hartmut Lehmann/Otto Ulbricht (Hg.), Vom Unfug des Hexen-Processes. Gegner der Hexenverfolgung von Johann Weyer bis Friedrich Spee, Wiesbaden 1992.
James R. Lewis (Hg.), Magical Religion and Modern Witchcraft, New York 1996.
Shirley S. Lindenbaum/Mary Zelienetz (Hg.), Sorcery and Social Change in Melanesia, Adelaide 1981.
Sönke Lorenz (Hg.), Hexen und Hexenverfolgung im deutschen Südwesten. Katalog der Ausstellung, Ostfildern 1994.
Sönke Lorenz/Dieter R. Bauer (Hg.), Das Ende der Hexenverfolgung [= Hexenforschung 1], Stuttgart 1995.
Bronislaw Malinowski (Hg.), Magic, Science and Religion, 1925; Magie, Wissenschaft und Religion, Frankfurt/Main 1973.
Max Marwick (Hg.), Witchcraft and Sorcery. Selected Readings, London/New York 1970. 2. Auflage 1982. Reprint 1990.
John Middleton/E. H. Winter, (Hg.), Witchcraft and Sorcery in East Africa, London 1963.
Robert Muchembled (Hg.), Magie et sorcellerie en Europe du Moyen Age à nos jours, Paris 1994.
Peter Segl (Hg.), Der Hexenhammer. Entstehung und Umfeld des Malleus maleficarum von 1487, Köln/Berlin 1988.
Alfred Soman (Hg.), Sorcellerie et Justice Criminelle (16e–18e siècles), Hampshire 1992.
Helfried Valentinitsch (Hg.), Hexen und Zauberer, Graz 1987.
Deward E. Walker (Hg.), Witchcraft and Sorcery of the American Native Peoples, Moscow/Idaho 1989.
C. W. Watson/Roy Ellen (Hg.), Understanding Witchcraft and Sorcery in Southeast Asia, Honolulu 1993.
Erich Zöllner (Hg.), Wellen der Verfolgung in der österreichischen Geschichte, Wien 1986.

## Untersuchungen

Wolfgang Behringer, Hexenverfolgung in Bayern. Volksmagie, Glaubenseifer und Staatsräson in der frühen Neuzeit, München 1987. – 3., um ein Nachwort erweiterte Auflage 1997.
Elisabeth Biesel, Hexenjustiz, Volksmagie und soziale Konflikte im lothringischen Raum, Trier 1997.
Andreas Blauert, Frühe Hexenverfolgungen. Ketzer-, Zauberei- und Hexenprozesse des 15. Jahrhunderts, Hamburg 1989.

Ian Bostridge, Witchcraft and its Transformations, ca. 1650–ca. 1750, Oxford 1997.

Robin Briggs, Witches and Neighbours. The Social and Cultural Context of European Witchcraft, London 1996.

Fritz Byloff, Hexenglaube und Hexenverfolgung in den österreichischen Alpenländern, Berlin/Leipzig 1934.

Massimo Centini, Streghe, roghi e diavoli. I Processi di stregoneria in Piemonte, Cuneo 1995.

Stuart Clark, Thinking with Demons. The Idea of Witchcraft in Early Modern Europe, Oxford 1996.

Norman Cohn, Europe's Inner Demons: An Enquiry inspired by the Great Witch-Hunt, London 1975.

Rainer Decker, Die Hexen und ihre Henker. Ein Fallbericht, Freiburg/Br. 1994.

Peter Dinzelbacher, Heilige oder Hexen. Schicksale auffälliger Frauen in Mittelalter und Frühneuzeit, Zürich 1995.

Mary Douglas, Natural Symbols. Explorations in Cosmology, London 1973. – Ritual, Tabu und Körpersymbolik, Frankfurt/M. 1973.

Hans Peter Duerr, Traumzeit, Frankfurt/M. 1978.

Kai T. Erikson, Wayward Puritans, New York 1966.- Die Widerspenstigen Puritaner. Zur Soziologie abweichenden Verhaltens, Stuttgart 1978.

Edgar Evan Evans-Pritchard, Witchcraft, Oracles and Magic among the Azande, Oxford 1937. – Hexerei, Orakel und Magie bei den Zande, Frankfurt/Main 1978.

Jeanne Favret-Saada, Les mots, la mort, les sorts, 1977. – Die Wörter, der Zauber, der Tod. Der Hexenglauben im Hainland von Westfrankreich, Frankfurt 1981.

Gloria Flaherty, Shamanism and the Eighteenth Century, Princeton/New Jersey 1992.

Valerie I. J. Flint, The Rise of Magic in Early Medieval Europe, Oxford 1991.

Marie Theres Fögen, Die Enteignung der Wahrsager. Studien zum kaiserlichen Wissensmonopol in der Spätantike, Frankfurt/Main 1997.

Reo F. Fortune, Sorcerers of Dobu, London 1932.

Sigmund Freud, Das Unheimliche, Wien 1919.

Carlo Ginzburg, I Benandanti, Turin 1966.

Carlo Ginzburg, Storia notturna. Una decifrazione del Saba, Turin 1989. – Hexensabbat, Berlin 1990.

Joseph Hansen, Zauberwahn, Inquisition und Hexenprozeß im Mittelalter und die Entstehung der großen Hexenverfolgung, München 1900.

Dieter Harmening, Superstitio, Berlin 1979.

Gustav Henningsen, The Witches' Advocate. Basque Witchcraft and the Spanish Inquisition (1609–1614), Reno/Nevada 1980.

Günther Jerouschek, Die Hexen und ihr Prozeß. Die Hexenverfolgung in der Reichsstadt Esslingen, Sigmaringen 1992.

Sohaila Kapur, Witchcraft in Western India, Hyderabad 1983.
Richard Kieckhefer, European Witch-Trials. Their Foundation in Popular and Learned Culture, 1300–1500, London 1976.
Gábor Klaniczay, Heilige, Hexen, Vampire. Vom Nutzen des Übernatürlichen, Berlin 1991.
Clyde Kluckhohn, Navaho Witchcraft, Boston 1944.
Philip A. Kuhn, Soulstealers. The Chinese Sorcery Scare of 1768, Cambridge/Mass. 1990.
Eva Labouvie, Zauberei und Hexenwerk. Ländlicher Aberglaube in der frühen Neuzeit, Frankfurt/M. 1991.
Karen Lambrecht, Hexenverfolgung und Zaubereiprozesse in den schlesischen Territorien, Köln 1995.
Christina Larner, Enemies of God. The Witch-Hunt in Scotland, London 1981.
Henry Charles Lea, Materials Toward a History of Witchcraft, 3 Bde., Philadelphia 1939. Reprint New York 1957.
Brian P. Levack, The Witch-Hunt in Early Modern Europe, London/New York 1987. – 2. Auf. 1993.- Hexenjagd, München 1995.
Claude Lévi-Strauss, Anthropologie Structurale, Paris 1958. – Strukturale Anthropologie. Aus dem Frz. v. Hans Naumann, Frankfurt/Main 1971.
Ioan M. Lewis, Ecstatic Religion. A study of shamanism and spirit possession, 2. Aufl. London 1989.
Rolf-Michael Lüking, Vom Unwesen der Magie. Annäherung an das Fremde über den sogenannten Todeszauber im Südwestpazifik, Münster/Hamburg 1993.
William Madsen/Claudia Madsen, A Guide to Mexican Witchcraft. With a Commentary by Gonzalo Aguire Beltrán, Mexico City 10. Auflage 1992.
Bronislaw Malinowski, Argonauts of the Western Pacific, 1922. – Argonauten des westlichen Pazifik, Frankfurt/M. 1979.
Ernesto de Martino, Sud e Magia, Mailand 1959.
Philipp Mayer, Witches, Grahamstown 1954.
Erik Midelfort, Witch-Hunting in South-Western Germany, 1582–1684. Social and Intellectual Foundations, Stanford/Calif. 1972.
William Monter, Ritual, Myth and Magic in Early Modern Europe, Brighton 1983.
Robert Muchembled, Le roi et la sorcière. L'Europe des buchers XVe-XVIIIe siècle, Paris 1993.
Tamara Multhaupt, Hexerei und Antihexerei in Afrika, München 1989.
Luisa Muraro, La Signora del gioco. Episodi della caccia alle streghe, Mailand 1976.
*Martine Ostorero / Agostino Paravicini Bagliani / Kathrin Utz Tremp / Catherine Chène (Hgs.), L'Imaginaire du Sabbat. Edition critique des textes les plus anciens, Lausanne 1999.*

P. Parin/F. Morgenthaler/G. Parin-Matthey, Fürchte deinen Nächsten wie dich selbst. Psychoanalyse und Gesellschaft am Modell der Agni in Westafrika, Frankfurt 1971.

Geoffrey Parrinder, Witchcraft. European and African, London 1958.

Christian Pfister, Klimageschichte der Schweiz, Bern 1988.

Joska Pintschovius, Zur Hölle mit den Hexen. Abschied von den weisen Frauen, Berlin 1991.

Herbert Pohl, Hexenglaube und Hexenverfolgung im Kurfürstentum Mainz, Wiesbaden 1988.

Vladimir Propp, Die historischen Wurzeln des Zaubermärchens, München/Wien 1987 [EA Leningrad 1946].

Diane Purkiss, The Witch in History, London 1996.

Lyndal Roper, Oedipus and the Devil, London/New York 1994. – Ödipus und der Teufel, Frankfurt/Main 1995.

Walter Rummel, Bauern, Herren und Hexen. Studien zur Sozialgeschichte sponheimischer und kurtrierischer Hexenprozesse, 1574–1664, Göttingen 1991.

Inge Schöck, Hexenglaube in der Gegenwart. Empirische Untersuchungen in Südwestdeutschland, Tübingen 1978.

Michael Schönhuth, Das Einsetzen der Nacht in das Recht des Tages. Hexerei im symbolischen Kontext afrikanischer und europäischer Weltbilder, Münster/Hamburg 1992.

Gerhard Schormann, Der Krieg gegen die Hexen. Das Ausrottungsprogramm des Kurfürsten von Köln, Göttingen 1991.

Hans Sebald, Witch-Children, New York 1995. – Hexenkinder. Das Märchen von der kindlichen Aufrichtigkeit, Frankfurt/M. 1996.

James Sharpe, Instruments of Darkness. Witchcraft in England 1550–1750, London 1997.

Sergej Michailowitsch Shirokogoroff, Psychomental Complex of the Tungus, Schanghai/London 1935.

M. Stephen, Sorcerer and Witch in Melanesia, Melbourne 1987.

Joachim Sterly, Kumo. Hexer und Hexen in Neu-Guinea, München 1987.

Keith Thomas, Religion and the Decline of Magic. Studies in Popular Beliefs in Sixteenth and Seventeenth Century England, London 1971.

Lynn Thorndike, History of Magic and Experimental Science, 8 Vols., New York 1923–1958.

Manfred Tschaikner, ‚Damit das Böse ausgerottet werde'. Hexenverfolgungen in Vorarlberg im 16. und 17. Jahrhundert, Bregenz 1992.

Hans de Waardt, Toverij en Samenleving. Holland 1500–1800, Rotterdam 1991.

Rainer Walz, Hexenglaube und Magische Kommunikation im Dorf der frühen Neuzeit. Die Verfolgungen in der Grafschaft Lippe, Paderborn 1993.

Harald Wiesendanger, In Teufels Küche. Jugendokkultismus: Gründe, Folgen, Hilfe, Düsseldorf 1992. – Frankfurt/M. 1995.

# Zeittafel

| | |
|---|---|
| 358 | Kaiser Constantius II. verbietet jede Magie |
| 426 | Augustinus *De civitate Dei* |
| 500 ca. | Aberglaubenskatalog des Caesarius von Arles |
| 534 | *Codex Justinianus* |
| 580 ca. | Hexenverbrennungen der Königin Fredegunde in Paris |
| 820 ca. | Predigten des Bischofs Agobard von Lyon |
| 906 | Regino von Prüm *Canon Episcopi* |
| 1010 ca. | *Decretum* des Bischofs Burchard von Worms |
| 1080 | Papst Gregor VII. ermahnt Dänenkönig wegen Hexenjagden |
| 1100 | König Coloman von Ungarn bestreitet Strigenglauben |
| 1215 | Beschluß des IV. Laterankonzils zur Ketzerverfolgung |
| 1266–1273 | Thomas von Aquin *Summa theologiae* |
| 1296 | Verbrennung zweier Strigen in Südtirol |
| 1324 | Bernard Gui *Practica Inquisitionis haereticae pravitatis* |
| 1348–1350 | Pestepidemien, anschließend Judenpogrome |
| 1376 | Nicolas Eymerich *Directorium Inquisitorum* |
| 1384 | Mailänder Inquisitionsprozeß wegen la Signora del Gioco |
| 1386 | Großfürst Jagiello von Litauen und Polen wird Christ |
| 1388 | Waldenser / Zaubereiprozesse in Pinerolo/Piemont |
| 1409 | Papstdekret erwähnt *novas sectas* |
| 1419 | Begriff *Hexerey* in einem Luzerner Strafprozeß genannt |
| 1428 ca. | Erste massive Hexenverfolgungen (Savoyen, Dauphiné) |
| 1431 | Johann Fründ berichtet von neuer Sekte der *Hexssen* |
| 1431–1449 | Konzil von Basel |
| 1435 ca. | *Errores Gazariorum*: Traktat über das neue Verbrechen |
| 1440 | Papst Eugen IV.: *stregule* und *Waudenses* in Savoyen |
| 1450 | Hexenflüge als Thema von Kirchenmalereien |
| 1457 | Predigten des Nikolaus Cusanus |
| 1459 | Prozeß wegen *Vauderie* in Arras |
| 1474 | Heinrich Kramer/Institoris wird Inquisitor |
| 1480–1525 | Zeit endemischer Hexenverfolgungen in Westeuropa |
| 1484 | Innozenz VIII. Bulle *Summis desiderantes affectibus* |
| 1485 | Scheiternde Hexenverfolgung in Innsbruck |
| 1486 | Heinrich Kramer *Malleus Maleficarum* (Hexenhammer) |
| 1489 | Ulrich Molitor *De laniis et pythonicis mulieribus* |
| 1493 | Hexenflüge als Thema von Holzschnitten |
| 1505–1520 | Massive Kritik der Hexenverfolgungen in Italien |
| 1505 | Samuel Cassinis *De lamiis, quas strigas vocant* |
| 1515 | Andrea Alciati kritisiert „nova holocausta" |
| 1519 | Agrippa von Nettesheim verteidigt „Hexe" in Metz |
| 1520–1560 | Rückgang der Hexenverfolgungen |
| 1526 | Spanische Inquisition gegen Hexenhinrichtungen |

| | |
|---|---|
| 1532 | Constitutio Criminalis Carolina |
| 1540 | Verbrennung des Kaziken Chichimecatecuhtli in Texcoco |
| 1540 | Hexenhinrichtungen in Luthers Wittenberg |
| 1543 | Hexenpanik in Dänemark |
| 1545 | Hexenhinrichtung in Calvins Genf |
| 1560–1660 | Klimaverschlechterung („Kleine Eiszeit") |
| 1562 | Neubeginn von Hexenverfolgungen |
| 1562–1565 | Kontroverse um die Möglichkeit des Wetterzaubers |
| 1563 | Johann Weyer *De praestigiis daemonum* |
| 1563 | Hexereigesetzgebung in England und Schottland |
| 1570 | Große Hungerkrise, Hexenverfolgungswelle |
| 1570–1630 | Hexenverfolgungen in Mecklenburg |
| 1572 | Hexereigesetzgebung in Kursachsen |
| 1572 | Lambert Daneau *Les Sorciers* |
| 1580–1620 | Hexenjagden im Wallis, in Lothringen und Kurtrier |
| 1580–1630 | Hexenverfolgungen in Luxemburg |
| 1580 | Jean Bodin *De daemonomania magorum* |
| 1586 | *Theatrum de Veneficis* |
| 1587 | Hexenkrise in Frankreich / Parlement de Paris reagiert |
| 1587 | *Historia von D. Johann Fausten* |
| 1589 | Peter Binsfeld *De confessionibus maleficorum et sagarum* |
| 1590 | Hexenverfolgungen in Süddeutschland, Westfalen, Schottland |
| 1592 | Cornelius Loos *De vera et falsa magia* / Revokation |
| 1595 | Nicolas Rémy *Daemonolatria* |
| 1598 | James VI. von Schottland *Daemonologie* |
| 1598–1601 | Hexenverfolgungen in den Spanischen Niederlanden |
| 1600 | Martin Delrio *Disquisitionum magicarum libri sex* |
| 1600–1604 | Prinzipienstreit in München |
| 1600 | Hexenjagd in Burgund |
| 1602 | Henri Boguet *Discours de Sorciers* |
| 1603 | Ende der Hexenverbrennungen in den Generalstaaten |
| 1607–1618 | Hexenjagd in der Fürstprostei Ellwangen |
| 1608 | Fancesco Maria Guazzo *Compendium Maleficarum* |
| 1609 | Hexenjagd im französischen Baskenland |
| 1610 | Gutachten des Inquisitors Alonso Salazar Frías |
| 1611/12 | Hexengesetzgebung in Bayern |
| 1612 | Pierre de Lancre *Tableau de l'inconstance* |
| 1616–1618 | Hexenjagden in den Hochstiften Mainz, Bamberg, Würzburg |
| 1626 | Jahrtausendkälte Ende Mai: Fröste vernichten Ernte |
| 1626–1630 | Höhepunkt der Hexenjagden in Deutschland |
| 1628 | Hochstift Bamberg verbrennt Kanzler Dr. Georg Haan |
| 1628 | Cornelius Pleier *Malleus Judicum* |
| 1631 | Friedrich Spee *Cautio Criminalis* |
| 1645 | Hexenpanik im England der Bürgerkriegszeit |

| | |
|---|---|
| 1652–1660 | Die „Groos Häxatöödi" im Pättigau/Graubünden |
| 1660 | Thomas Hobbes *Leviathan* |
| 1661–1662 | Hexenpanik in Schottland |
| 1668–1676 | Hexenpanik in Schweden |
| 1669 | Letzter Nachdruck des Hexenhammers |
| 1669 | John Wagstaffe *The Question of Witchcraft Debated* |
| 1677–1680 | Zauberer-Jackl-Prozeß im Erzstift Salzburg |
| 1677–1680 | Hexenpanik in der Grafschaft Vaduz |
| 1692 | Hexenpanik in Salem/Massachussetts |
| 1693 | Balthasar Bekker *De Betoverde Wereld* |
| 1701 | Christian Thomasius *De crimine magiae* |
| 1710–1730 | Höhepunkt der Hexenverfolgungen in Ungarn |
| 1727 | Letzte Hexenhinrichtung in Schottland |
| 1736 | Aufhebung der Hexereigesetzgebung in England |
| 1743 | Zaubereiprozesse in Dijon und Lyon |
| 1749 | Hexenhinrichtung in Würzburg / Hexenpredigt Pater Gaars |
| 1750 | Scipio Maffei *Arte Magica Destrutta* |
| 1755 | Letzter Nachdruck von Delrios „Disquisitiones Magicae" |
| 1755 | Hexenverfolgungswelle in Ungarn |
| 1756 | Hexenhinrichtung in Landshut/Kurfürstentum Bayern |
| 1766–1770 | Bayerischer Hexenkrieg |
| 1768 | Hexenpanik in China |
| 1777 | Hexenhinrichtung in Kézmárk (Ungarn) |
| 1781 | Tod der Maria Anna Schwägelin in stiftkemptischer Haft |
| 1782 | Letzte legale Hexenhinrichtung in Europa: Anna Göldi |
| 1783 | August Ludwig Schlözer prägt den Begriff *Justizmord* |
| 1786 | Gottfried Christian Voigt: „neun Millionen Hexen" |
| 1791 | Aufhebung der Hexereigesetzgebung in Frankreich |
| 1797 | Francisco Goya *Der Schlaf der Vernunft gebiert Ungeheuer* |
| 1835 | Jacob Grimm interpretiert Hexen als „weise Frauen" |
| 1843 | Georg Wilhelm Soldan *Geschichte der Hexenprozesse* |
| 1860–1900 | Illegale Tötungen von Hexen in Mexiko und Rußland |
| 1862 | Jules Michelet *La Sorcière* |
| 1897 | Sigmund Freud interessiert sich für die Hexen |
| 1900 | Joseph Hansen *Zauberwahn, Inquisition und Hexenprozeß* |
| 1900 | Antihexereibewegung in Afrika |
| 1935 | NS-Ideologen instrumentalisieren die Hexen |
| 1948–1980 | Tötungen hunderter von Hexen im Westen Indiens |
| 1958 | Hexenpanik in Belgisch-Kongo |
| 1960 ca. | Verbreitung der neopaganen „Hexen" in den USA |
| 1962–1988 | Endemische Hexenverfolgungen in Tanzania |
| 1968 | Frauenbewegung erhebt Hexe zur Symbolfigur |
| 1977 | Hexenpanik in der Volksrepublik Benin |
| 1988 | Regierungskommission wegen Hexenpogromen in Tanzania |
| 1996 | Hexenpanik in Südafrikas Nordprovinz |

# Register

Aberglaube 22, 30, 46, 65, 88, 91, 97, 103, 106
Abrahams, Ray 73, 103
Adorno, Theodor W. 30, 91
Afrika 8, 10, 12–15, 18, 24, 26, 31, 62 f., 65, 70 f., 73, 85, 90, 92, 100, 106 f., 109
Agrippa von Nettesheim 75, 108
Ahnengeister 13 f.
Alciati, Andrea 44, 75, 108
Altdorfer, Albrecht 42
Alter 12, 17, 28, 33, 42, 62, 67, 86, 91, 94
Althusius, Johannes 78
Amerika 12, 15 f., 19 f., 63, 80, 85, 93, 85 ff., 104
Angst 14, 17, 19, 30, 37, 69, 92, 98, 100
Anklage 26, 28, 33, 46, 64, 76, 90
Antihexereibewegung 10, 12–15, 30, 71, 73, 79, 109
Arktis 13, 16, 32
Asien 12, 14 f., 19, 31, 71, 85, 103 f.
Aufklärung 9, 27, 63, 84 f., 87 f.
Augsburg 55, 85
Augustinus 9, 24 f., 42, 91, 108
Ausnahmerecht 53, 56, 78 f., 91
Australien 13 f., 23
Baldung Grien, Hans 42
Bamberg 54 f., 57, 61, 68, 81, 109
Baskenland 53, 79, 109
Bayern 51, 57 ff., 77, 85, 87, 104
Becker, Howard 69
Becker, Thomas 55
Behringer, Wolfgang 11, 103 f.
Bekker, Balthasar 83 f., 110
Belgien 50, 52, 58, 66, 72, 109
Ben-Yehuda, Nachman 97, 103
Benin 12, 109
Bern 39, 50 f., 61, 74
Besessenheit 62, 73
Bibel 40, 49, 75,
Binsfeld, Peter 31, 51, 53, 77, 109
Blécourt, Willem de 18

Blöcker, Monica 39
Boas, Franz 15, 20
Bodin, Jean 50, 77, 79, 92, 108
Boguet, Henry 53, 79, 109
Boskovic-Stulli, Maja 21
Böhmen 59, 61, 66
Brandenburg/Preußen 59, 84, 86 ff.
Brasilien 15, 64 f.
Brenz, Johannes 48 f., 77
Brot 47 f, 50, 54
Buchdruck 42, 45, 52 f., 75 f., 81, 86
Burchard von Worms 9, 21 f., 108
Bürgerkrieg 79, 92, 109
Byloff, Fritz 39, 105
Calvin, Calvinisten 36, 45 f., 49 f., 53, 59, 61, 69, 76 ff., 80, 84, 86
Canon Episcopi 21 f., 40 f., 44, 108
Carolina 45, 78, 108
Centini, Massimo 37, 105
Chiliasmus 56
China 15, 20, 34, 106, 109
Christen 23, 34, 38 f., 69, 71, 80 f., 93 ff., 108
Cohn, Norman 35, 105
Cusanus, Nikolaus 23, 108
Dämonologie 8 f., 22, 35, 39, 41, 45, 47, 49, 52 f., 63, 79, 82, 88, 98, 105
Dauphiné 38 ff., 108
Davidson, Jane P. 42
Dänemark 33, 41, 45, 66, 108
Debatte 49, 57 f., 83 f., 86–89, 109
Delrio, Martin 52 f., 109
Descartes, René 82
Deutschland 16 f., 41 f., 44 ff., 50 ff., 56 f., 61, 66, 84–87, 94, 103, 107 ff.
Dienst, Heide 42
Dominikaner 36, 38–41, 44, 75
Dorf 18 f., 29, 72, 107
Douglas, Mary 14, 103, 105
Durkheim, Émile 9
Dürer, Albrecht 42 f.
Eichstätt 55 ff., 81
Eifer 44, 46 f., 56 f., 74 f., 77, 104

111

Eliade, Mircea 20
Elsaß 42, 43, 49, 58 f.
Endzeit 48, 56
England 19, 46, 50 f., 59, 64 ff., 79, 82 f., 87, 89 f., 92, 94, 107 ff.
Entkolonialisierung 14 f., 72
Erasmus von Rotterdam 75
Ernteschaden 16, 32, 47 f., 54, 68, 73, 109
Esoterik 10, 96 f., 99
Evans-Pritchard, Edgar Evan 8, 13, 18 f., 32, 105
Exodus 25, 49, 75
Familie 18, 27, 54
Fanatismus 44, 56, 74 f., 77, 90, 101
Feminismus 10, 94 ff., 98
Feuer 27, 32, 38
Fichard, Johann 78
Finnland 28, 65, 67
Flug 7, 11 f., 15, 20 f. 31, 35, 40 f., 44, 103
Folter 8, 14, 32, 35 f., 42, 46 f., 78, 86, 94
Fortune, Reo 15, 105
Frankreich 22, 35, 40, 44, 50–53, 59 f., 64, 66, 78 f., 82, 84 f., 89, 105, 108 f
Franziskaner 44, 87
Fredegunde 32, 108
Freud, Sigmund 9 f., 13, 30, 69, 105
Fründ, Johann 38, 40, 108
Fundamentalismus 56, 69, 90, 93
Gegenreformation 46, 55, 57
Gegenzauber 27, 47
Geist 7, 13 f., 22, 24, 62, 88
Geistliche 25, 42, 47, 54 f., 62, 79, 88
Genf 37 f., 45, 49
Gerichtsrechnungen 22, 39, 66
Geschlecht 17, 28 ff., 67, 101
Gesetzgebung 23 ff., 46, 49, 70, 76, 79, 82, 89 f., 108 f.
Gewalt 28, 31, 56, 80, 100
Ginzburg, Carlo 20, 105
Glanvill, Joseph 83
Glarus 36, 86, 109
Goedelmann, Johann Georg 78

Goody, Esther 28
Gott 9, 14, 21, 24, 26, 33, 48, 58, 69, 82, 92, 101
Goya, Francisco 92, 102, 110
Gögler 40, 70, 108
Göldi, Anna 86, 89, 109
Göttin 21, 23
Graubünden 60, 72, 86, 109
Gregor von Valencia 57, 77
Greve, Johann 78
Grimm, Jacob 9, 92, 98, 109
Gui, Bernardo 22, 25, 108
Haan, Georg 54, 109
Hansen, Joseph 11, 35, 93, 103, 105
Harmening, Dieter 22, 105
Haß 19, 51
Heiler/Heilerinnen 21, 24, 28, 92
Heilige 7, 27, 105 f.
Hexenbischof 57, 81
Hexenfinder 18–21, 26, 47, 79
Hexenhammer 9, 30, 39, 42, 45 f., 49, 52, 63, 67, 76, 92, 98, 104
Hexensabbat 35 ff., 41 ff., 46, 74, 105
Hinduismus 15, 28
Hobbes, Thomas 82 f., 109
Hopkins, Matthew 79, 92
Horaz 23
Humanismus 42, 44 f., 75, 80
Hungerkrise 37, 49, 68, 71, 101, 108
Ikonographie 11 f., 31, 41–43, 45, 74, 108
Illegalität 16, 32 f., 49, 70 f., 80, 99, 109
Indianer 15 f., 20, 24, 71
Indien 15, 34, 72, 90, 105, 110
Indizienbeweis 31, 78
Indonesien 15, 71, 90
Innsbruck 42 f., 60, 108
Inquisition 8, 22 f., 25, 36, 38–42, 44 ff., 49 f., 63 ff., 71, 76, 79 f., 103, 105, 108 f.
Inuit/Eskimo 16, 20, 24, 32
Inversion 7, 29, 32
Irland 17, 56, 58, 64 ff., 89
Islam 15, 28, 34, 37, 71 f.
Island 28, 64 f., 67 f.

Italien 17, 22, 44, 50, 53, 61, 66, 75 f., 86 f.
James I. von England 51, 79, 109
Jerouschek, Günter 78, 105
Jesuiten 52, 56 f., 81, 84, 86
Juden 36 ff., 41, 43, 47, 73, 80, 96, 103, 108
Juristen 35, 39, 42, 44, 50, 62, 70, 74, 76, 78, 84, 91 f., 100
Justiz 8 f., 14, 46, 55, 70 ff., 81, 86, 89 f., 101
Kant, Immanuel 88
Kapitalismus 19, 47
Kapur, Sohaila 15, 105
Katholiken 12, 17, 27, 35 f., 46, 51 ff., 56–49, 61, 65, 76 ff., 80 ff., 85–89, 93, 69
Kempten 85
Ketzer 23, 25, 36 ff., 40, 47, 49, 103 f., 108
Kieckhefer, Richard 35, 106
Kinder 7, 12 f., 29, 62 f., 89, 98, 107
Klaniczay, Gábor 21, 104, 106
Kleine Eiszeit 47 f., 54, 68 f., 90, 107 f.
Klima 47, 53 f., 69, 93, 107
Kluckhohn, Clyde 15, 106
Kolonien 8, 14 f., 18, 25, 63 ff., 70–73, 75, 85, 90
Konfession 46, 49 f., 56, 58, 60 f., 65, 77
Konzil 36–40, 93, 108
Köln, Kurköln 53, 55, 57, 60 f., 81, 107
Kramer/Institoris, Heinrich 9, 41–44, 108
Krankheit 10, 16, 18, 30 f., 33, 59, 62, 68, 73, 101
Krise 10, 19, 26, 44, 47, 49, 53, 55, 68 f., 73, 101, 108
Kroatien 21, 67, 87
Kuhn, Philipp 15, 106
Kurpfalz 49, 59, 78
Lamothe-Langon 35
Larner, Christina 28 f., 106
Liechtenstein 61, 65
Lombardei 21, 40
Loos, Cornelius 77

Lothringen 51 f., 57–61, 66, 104, 108
Ludendorff, Mathilde 94, 96
Lukian 23
Luther, Lutheraner 45 f., 48, 59, 61, 76, 80
Luxemburg 61, 66, 109
Luzern 38, 40, 70, 86, 108
Lynchjustiz 33 f.
Machiavelli 44
Maffei, Scipio 87, 109
Magie 9 f., 15, 18 ff., 24–27, 37, 87, 89 f., 100 f., 103–109
Mailand 23, 44, 53, 60, 108
Mainz 55, 57, 61, 81, 107
Malaysia 15, 71
Malinowski, Bronislaw 10, 13 f., 26, 104
Martino, Ernesto de 17, 26, 106
Marwick, Max 13 f., 104
Mauss, Marcel 26
Mayer, Philipp 19, 106
Märchen 7, 13, 21, 23, 98, 107
Mecklenburg 59, 61, 109
Medien 12, 41 ff., 45, 51, 53 f., 96 f.
Medizin 7, 24, 64, 76, 81, 83 f., 92, 97, 101
Melancholie 9, 59, 77
Melanesien 31, 104, 107
Mesaki, Simeon 72
Metz 43, 75
Mexiko 15, 63, 106, 109
Michelet, Jules 9, 92, 110
Midelfort, Erik 64, 106
Millenarismus 73
Molitor, Ulrich 42, 108
Montaigne, Michel de 77
Muchembled, Robert 29, 104, 106
Muraro, Luisa 23, 106
Nachbarschaft 14, 18 f., 26, 62, 68, 73, 101
Nacht 7, 21, 35, 40, 95, 107
Naess, Hans E. 66
Nagualismus 15
Neid 19, 30
Niederlande 44, 50, 52, 58 f., 65, 80, 83, 87, 107

113

Norwegen 46, 65 f.
Nürnberg 42, 44, 59, 70
Nyerere, Julius 72 f.
Obermarchthal 85
Okkultismus 91, 93, 97 f., 107
Orakel 18 f., 26, 70, 105
Osmanen 33, 37, 64, 86
Österreich 50, 58–61, 66, 70, 72, 85 ff., 104 f.
Papst 17, 33, 36–41, 56, 75, 93, 108
Papua-Neuguinea 15, 32, 71, 107
Paris 32, 50, 53, 60, 67, 70, 78, 93, 108
Pest 108
Pfister, Oskar 69
Piemont 37 f., 105, 108
Pleier, Cornelius 81, 109
Polen 24 f., 34, 61, 66 f., 86, 108
Politiker 44 f., 51 ff., 57, 73
Portugal 64 f., 76, 80
Praetorius, Anton 77
Prättigau 60 f., 72, 109
Predigt 23, 33, 36, 46, 48, 71, 108 f.
Propp, Vladimir 23, 107
Quantifizierung 14, 44, 65 ff., 70, 100
Quellen 10, 22, 25, 33, 35, 53, 55, 66, 70 f., 89, 101, 103
Rationalismus 7, 9, 82, 89, 93
Reformation 19, 45, 48, 76, 103
Reichtum 12, 23
Revolution 9, 15, 83, 89
Richards, Audrey 71
Romantik 9, 92, 100
Roper, Lyndal 29, 107
Rummel, Walter 55, 107
Rußland 33 ff., 65 ff., 109
Sachsen 21, 24, 49, 59, 84, 108
Salazar Frías, Alonso 79, 109
Salzburg 62, 85, 109
Sambia 14, 71
Savoyen 36 ff., 49, 108
Schamanismus 15, 20 f., 24, 62, 98, 103, 105 f.
Schapera, Isaac 14
Schormann, Gerhard 55, 59, 107
Schottland 46, 49, 51, 61, 66, 83 f., 92, 108

Schöck, Inge 17, 97, 197
Schultheis, Heinrich 55
Schwägelin, Maria Anna 85, 109
Schweden 65, 88, 109
Schweiz 22, 36, 44, 49 f., 60 f., 66, 74, 85 f.
Scot, Reginald 77
Seßhaftigkeit 16, 72 f.
Sexualität 7, 29, 35, 43, 80, 89,
Shakespeare 79
Sharpe, James 29, 107
Shirokogoroff, Sergej M. 20, 107
Siedlungsstruktur 68, 73
Singer, Maria R. 86
Slowenien 41, 65
Soman, Alfred 60, 104
Spanien 40, 44 f., 50, 52, 58, 63 ff., 76 f., 79 f., 108
Spee, Friedrich 56, 66, 68 f., 81, 100, 104, 109
Staat 8, 32 f., 38, 46 f., 55, 57, 60 f., 66, 70, 90, 92, 99, 104
Stereotyp 28 ff., 36 f., 67 f., 101
Strigen 12, 21 f., 38, 40, 44, 105, 108
Symbol 15, 27, 32, 96, 100, 105, 107, 109
Tanner, Adam 57, 81
Tanzania 14, 71 f., 103
Tartarotti, Girolamo 86 f.
Teuerung 47, 54, 68 f., 73
Teufelsglaube 11, 17, 24–26, 28, 31, 35 ff., 39, 41 f., 62, 75, 80, 82 f., 92, 101, 107
Teufelspakt 8 f., 35, 49, 51
Theologen 7, 9, 23, 25–28, 34 ff., 40, 42, 48 f., 57, 60, 69 f., 74, 76 f., 81 f., 84, 92 f., 99 f.
Thomas von Aquin 25, 35, 42
Thomas, Keith 19, 107
Thomasius, Christian 34, 84, 109
Tierverwandlung 7, 12, 15 f., 41 f.
Tinctoris, Johannes 11, 41
Tirol 22, 39, 42, 60, 108
Torrenté, Uldry de 38 ff.
Traum 21, 23, 88, 99, 105
Trier, Kurtrier 43, 50 f., 55, 57, 61, 77, 81, 103, 107 f.

Ukraine 34, 67
Ungarn 21 f., 33, 50, 61, 66, 86, 109
Unglück 10, 13 ff., 18, 47, 73, 101
Unhold 22, 35, 42, 46, 48, 51, 54
Universität 14, 72, 84
Vaud, Waadtland 37, 40, 50 f., 59
Vauderie 38, 40 f., 108
Verbrechen 37 f., 40, 45, 48, 56, 78, 89 ff., 94, 108
Verdacht 18, 26 f., 29, 32, 35, 46, 62 f., 68, 72, 76, 79
Verhörsprotokolle 23, 26 f., 29, 101
Verteidigung 42, 69, 75 f.
Verwandtschaft 14, 28, 62
Vieh 27, 33, 47
Voltaire 84
Wahrsagen 20, 26, 32, 65, 90, 105
Waldenser 36 f., 40 f., 108
Walker, Deward 24, 104
Wallis 37 f., 40, 108
Walz, Rainer 19, 107
Webster, John 83
Wein 47, 54

Wetterzauber 27, 29, 31 ff., 42, 47 ff., 51, 108
Weyer, Johann 9, 49, 68, 76 f., 104, 108
Wicca 94, 96
Wien 30, 60, 67, 87, 93
Wiesensteig 46 ff.
Witch-doctor 18, 26, 28, 70 f., 90, 92
Witekind, Hermann 77
Wolff, Christian 84, 88
Wunder, Heide 28
Württemberg 49, 59
Würzburg 54–57, 61, 68, 81, 86, 109
Zaire 72, 109
Zauberei 12 ff., 16, 18, 21, 23–29, 31–36, 38 f., 45, 47, 49, 54, 60, 62, 64 f., 71 f., 75 ff., 82 f., 87, 89, 91, 104 ff., 108
Zeichen 24 f., 27, 48, 62
Zentralisierung 59, 76, 79 f., 87
Zeuge 26, 47, 62 f., 79, 90
Zika, Charles 43
Zweifel 23, 75, 82, 91

*Aus dem Verlagsprogramm*

# Kulturgeschichte der frühen Neuzeit

*Brian P. Levack*
Hexenjagd
Geschichte der Hexenverfolgungen in Europa
Aus dem Englischen von Ursula Scholz
Neuausgabe in der Beck'schen Reihe.
2. Auflage. 1999.
295 Seiten mit 13 Abbildungen. Paperback
(Beck'sche Reihe Band 1332)

*Norbert Schindler*
Wilderer im Zeitalter
der Französischen Revolution
Ein Kapitel alpiner Sozialgeschichte
2001. 448 Seiten. Gebunden

*Roberto Zapperi*
Die vier Frauen des Papstes
Das Leben Pauls III. zwischen Legende und Zensur
Aus dem Italienischen von Ingeborg Walter
1997. 172 Seiten mit 12 Abbildungen. Gebunden

*Monica Kurzel-Runtscheiner*
Töchter der Venus
Die Kurtisanen Roms im 16. Jahrhundert
1995. 348 Seiten mit 28 Abbildungen. Leinen

*Wolfgang Reinhard*
Geschichte der Staatsgewalt
Eine vergleichende Verfassungsgeschichte Europas
von den Anfängen bis zur Gegenwart
2., durchgesehene Auflage. 2001.
631 Seiten mit 13 Abbildungen.
(Broschierte Sonderausgabe)

Verlag C. H. Beck München

# Geschichte Frankreichs

*Günther Haensch/Hans J. Tümmers (Hrsg.)*
Frankreich
Politik, Gesellschaft, Wirtschaft
Unter Mitarbeit von Peter Huber und Rudolf Steiner.
3., völlig neubearbeitete Auflage. 1998.
443 Seiten mit Karten, Schaubildern und Tabellen. Paperback
(Beck'sche Reihe Band 831 – Reihe „Länder")

*Peter Carl Hartmann*
Französische Könige und Kaiser der Neuzeit
Von Ludwig XII. bis Napoleon III. 1498–1870
1994. 500 Seiten mit 16 Abbildungen. Leinen

*Roger Dufraisse*
Napoleon
Revolutionär und Monarch. Eine Biographie
Aus dem Französischen von Suzanne Gangloff
Mit einem Nachwort von Eberhard Weis.
2000. 182 Seiten mit 12 Abbildungen. Paperback
(Beck'sche Reihe Band 1352)

*Érik Orsenna*
Portrait eines glücklichen Menschen
Der Gärtner von Versailles André Le Notre 1613–1700
Aus dem Französischen von Annette Lallemand
2002. 144 Seiten. Leinen

*Alain Demurger*
Die Templer
Aufstieg und Untergang 1120–1314
Aus dem Französischen von Wolfgang Kaiser
37. Tausend. 2000. 345 Seiten mit 9 Abbildungen
und 5 Karten im Text. Leinen
(Beck's Historische Bibliothek)

Verlag C. H. Beck München

# C.H.BECK ■ WISSEN

in der Beck'schen Reihe

Zuletzt erschienen:

- 2182: Rossi, **Der Vatikan**
- 2209: Rexroth, **Beethovens Symphonien**
- 2211: Demmler, **Schumanns Sinfonien**
- 2307: Rexroth, **Deutsche Geschichte im Mittelalter**
- 2330: Arens/Braun, **Die Indianer Nordamerikas**
- 2331: Jánosi, **Die Pyramiden**
- 2332: Meier, **Justinian**
- 2333: Steinbacher, **Auschwitz**
- 2334: Junker, **Geschichte der Biologie**
- 2335: Simek, **Götter und Kulte der Germanen**
- 2336: Sinn, **Athen**
- 2337: Blome/Zaun, **Der Urknall**
- 2338: Thorau, **Die Kreuzzüge**
- 2339: Tamcke, **Das orthodoxe Christentum**
- 2340: Schwerhoff, **Die Inquisition**
- 2341: Riese, **Machu Picchu**
- 2342: Parzinger, **Die Skythen**
- 2343: Halm, **Die Araber**
- 2344: von Brück, **Zen**
- 2345: Müller, **Doping**
- 2346: Fritzsch, **Elementarteilchen**
- 2347: Thamer, **Die Französische Revolution**
- 2348: Schwertheim, **Kleinasien in der Antike**
- 2349: Jursa, **Die Babylonier**
- 2350: Chaniotis, **Das antike Kreta**
- 2351: Müller, **Berg Athos**
- 2352: Rudolph, **Islamische Philosophie**
- 2353: Böhm, **Geschichte der Pädagogik**
- 2354: Höllmann, **Die Seidenstraße**
- 2355: Tuchtenhagen, **Geschichte der baltischen Länder**
- 2356: Hösch, **Geschichte des Balkans**
- 2357: Alt, **Friedrich Schiller**
- 2358: Halm, **Die Schiiten**
- 2359: Braun, **Die 101 wichtigsten Erfindungen der Weltgeschichte**
- 2360: Schön, **Pilze**
- 2361: Wirsching, **Paar- und Familientherapie**
- 2365: Hutter, **Die Weltreligionen**
- 2367: Schmidt-Glintzer, **Buddhismus**
- 2368: Ulrich, **Stalingrad**
- 2369: Vocelka, **Österreichische Geschichte**
- 2500: Rümelin, **Paul Klee**
- 2501: Busch, **Adolph Menzel**